經濟學之父 Adam Smith

亞當史密斯

《道德情操論》與《國富論》的世界

The Theory of Moral Sentiments *The Wealth of Nations*

堂目卓生　著（大阪大學教授）
陳 政 雄　譯（義守大學客座教授）

致良出版社

推薦序　以正義感發揮利己心

政治大學企業管理學系教授　于卓民

閱讀堂目卓生教授所著之《亞當史密斯——〈道德情操論〉與〈國富論〉的世界》（陳政雄教授譯）一書後，才猛然體認出《國富論》的觀點——個人出於利己心而進行的經濟活動，最終會為社會全體帶來利益——實植基於《道德情操論》中對個人為群體一份子的觀察；而個人行為有「賢明」和「懦弱」兩方面：「懦弱」是社會繁榮的原動力，係以自身利益或世人的評價來行動，但「賢明」所代表的正義感，係以公平觀察者的判斷來行動，因此追求財富的野心或競爭必須受到正義感的控制。在歷經數波金融風暴和危機後閱讀本書，本人感慨尤深。

亞當史密斯之《道德情操論》初版於一七五九年出版，他認為社會秩序是經由存在於個人心中的喜悅、憤怒、悲傷等各種不同情緒的相互作用後才形成的，因此本書之主要目的是釐清引導社會秩序的人性到底為何；在本書中，堂目教授以人性引導社會秩序、人性引導社會繁榮及國際秩序的可能性等三議題來闡釋亞當史密斯的論點。亞當史密斯之《國富論》初版於一七七六年出版，他認為國家的財富狀況（可藉由全體消費人口所分配到的生活必需品和便利品的總數量來衡量）可以透過勞動生產力、生產性勞動和非生產性勞動的比例等兩個條件來表示；在本書中，堂目教授以國富論概略、社會繁榮的一般原理（1）（即分工）、社會繁榮的一般原理（2）（即資本積蓄）、現實的歷史與重商主義政策及當前應完成之要務等五議題來解釋亞當史密斯的論點。至於這兩本著作的關聯性，亞當史密斯在《道德情操論》提及「我將在其他論作中努力闡明法律與政府的一般原理，並說明那些原理在不同年代與社會發展時期所經歷的各種變革，而那些變革不僅是與正義有關，也涉及公共政策、公共收入、軍備國防及其他任何法律標的」，而在《國富論》五篇中，與公共政策相關的是第一篇到第四篇，與公共收入和軍備國防相關的是第五篇。總言之，亞當史密斯在《道德情操論》中的出發點是「同感」（即將他人的情感複製到自己心裡，並在自己心中產生相同情感的能力），而在《國富論》的出發點則是利己主義；堂目教授指出，亞當史密斯主張的個人追求利益的行為，是在追求對他人產生「同感」或得到他人「同感」下的行為，絕非不顧整體社會利益的行為。

《亞當史密斯——〈道德情操論〉與〈國富論〉的世界》之譯者陳政雄教授為本人舊識，因獲日本大阪大學經濟博士，且對日本事務極為熟悉，自然為翻譯最佳人選。近年來有關金融風暴的討論均將個人之自利動機視為原因之一（如美國之金融危機委員會將金融業之貪婪列為一項原因），《亞當史密斯——〈道德情操論〉與〈國富論〉的世界》一書於此時出版，本人對政雄兄之佩服，一為出書時機的掌握，一為用心之良苦。本人誠摯期望，本書對個人行為和政府政策都能有所啟示。

二〇一二年新春於木柵

導讀　重回亞當史密斯的世界

一、動機

本世紀末，金融風暴不斷、安隆事件、次級房貸，雷曼兄弟，加上歐洲債信不信，全球進入蕭條狀態，一路過來銀行不倒神話、所得神話、工資上升神話、就業安定神話，一一破滅。誰為為之，孰令至之。

前聯準會理事長葛林斯班在《破滅時代》（The Age of Turbulence: Adventures in a New World）一書中出版後，緊急補述問題在「人性」、無窮的槓桿操作是金融風暴之源。以上使我頓悟到從回到亞當史密斯的必要性，人性、道德、倫理是對現今世界極為重要的，對的方向就勇敢努力去做。本人於是不揣淺陋、執意翻譯此書。

二、要約

政府應廢除市場管制並促進競爭，以提高經濟成長率，進而創造富強的國家——這是「經濟學之父」亞當史密斯在《國富論》中所要傳達的訊息。然而，亞當史密斯所想的並非無條件的全然放任。本書作者透過亞當史密斯的另一本著作《道德情操論》所傳達的人類觀與社會觀，用淺顯的說明帶領讀者重新檢視《國富論》，以期構築一個兼容社會秩序與繁榮的思想體系。

三、堂目卓生教授的貢獻

「經濟學之父」亞當史密斯的代表作，一是一九五九年的《道德情操論》，另一著作是大家眾所皆知《國富論》。兩部名作大家都聽過但是沒讀過，或者看不懂，現在經由堂目教授的研究團隊努力詮釋亞當史密斯的世界，特別著墨在《道德情操論》，用來說明原本被設想為本能上自私的人類，必有判斷、制止自私自利的能力。準此解明了所謂「亞當史密斯的問題」，同時構築出以道德情操為本的思想體系，即人性帶來社會秩序及社會繁榮的思想體系，讓我們更進一步地接近亞當史密斯世界的 roots。我認為這是堂目教授較最大貢獻。

四、感謝

本譯著能公表於世，是政治大學于卓民教授的大力聲援外，感謝愛媛大學院生陳佳慧的協助及義守大學的思羽、佳琳、豐澤、丞助、宸瑋、珮婷、姿閔、雯玉等的支援及內人秀美高度耐性的配合。

更重要的是靠致良出版社艾天喜社長為版權的奔走，與全體編輯同仁的整理與美編，使本書得以出版。

五、期待

由衷希望本書能對亞當史密斯的思想體系有興趣或研究亞當史密斯思想的學者與同學有所幫助，使兩論得以嚙合，不致成脫韁的野馬反成遺憾，果如是，則譯者當感幸甚。如有遺漏錯誤之事，責任當在譯者本身，萬請指教。

二〇一二年　於義守大學鯉魚潭畔 Ecoffee

作者序

亞當史密斯（一七二三—九〇）一生中發表的著作有兩本。即《道德情操論》（一七五九）與《國富論》（一七七六）。這兩部著作當中，後人認為《道德情操論》即屬於倫理學的範疇，《國富論》則較屬於經濟學的範疇。而一般人們較為熟知的應該就屬《國富論》吧！另外，若被問及在《國富論》一書最有名的一句話是什麼時，相信大多數人一定會回答是「一隻看不見的手」。

到目前為止，人們對於「一隻看不見的手」的認知，是個人基於利己心而追求利益的行為，能夠與社會整體經濟利益相連結的一種機制；換言之，也就是市場的價格調整機制。一般人也認為《國富論》一書所要傳達的想法是，政府應該撤廢除市場管制，並促進競爭以提高經濟成長率，進而創造一個富強的國家。

然而，亞當史密斯給予後人的印象，真的如同他的解釋般，是主張自由放任主義者嗎？換句話說，亞當史密斯真的認為個人追求利益的行為，會為無條件地為社會整體帶來利益嗎？亞當史密斯是個急進的放寬管制提倡者嗎？市場是一個競爭的場所嗎？經濟成長的目的是使國家變富強嗎？再進一步退回根本問題來看的話，《國富論》一書是為了創造一個富強的國家而寫的參考書嗎？事實上，關於探討這些問題的關鍵，都隱含在亞當史密斯的另一本著作《道德情操論》當中。

本書透過對於《道德情操論》裡所提及的人性觀與社會觀的考察，再進一步地檢討《國富論》，並藉此表示出亞當史密斯不同於以往的印象。最近，在關於亞當史密斯的研究中，將《道德情操論》視為《國富論》思想基礎的解釋漸成主流；然而，對於這二本著作之間的整體理論關係卻沒有十分的了解。在本書中，我將針對亞當史密斯在《道德情操論》與《國富論》裡的理論，再重新構築一個關於社會秩序與繁榮的一貫理論之思想體系。

另外，在此過程中，也希望能讓讀者感受到亞當史密斯對人類的透徹了解與敏銳觀察，以及其現代意義。若是有讀者在看完本書之後，對亞當史密斯的思想或人性感到興趣，並嘗試獨力閱讀《道德情操論》或《國富論》的話，我將深感榮幸。

*

本書結構如下。在序章裡，考察亞當史密斯所處的時代，顯示出那是個光明與黑暗交錯的年代。由第一章至第三章所組成的第Ⅰ部「《道德情操論》的世界」裡，考察亞當史密斯對於引導社會秩序與繁榮的人性之相關見解。第Ⅱ部「《國富論》的世界」是由五個章節（第四章—第八章）所組成，並針對促進社會繁榮的一般原理、歐洲各國的實際發展與結果、英國當前應為了邁向秩序與繁榮而完成之要務進行檢討。重要的是，內容是以第Ⅱ部的檢討與第Ⅰ部的考察為基礎而完成的。在終章裡所討論的是，從重新構築後的亞當史密斯的思想體系當中，能夠給予現代人什麼樣的啓發。

關於《道德情操論》引用文章的部份，是引用自《道德情操論》（上、下卷，水田洋譯，岩波文庫，二〇〇三年）。引用文章後所附註的「部」、「編」、「章」等都是依照第六版的編排順序。關於《國富論》引用文章的部份，是引用自《國富論》（全四卷，杉山中平譯、水田洋監譯，岩波文庫，二〇〇三年），並也參考了《國富論》（上、下卷，山岡洋一譯，日本經濟新聞出版社，二〇〇七年）。兩種版本的譯文都做了大幅度的更新。另外，對於原本內容就很長的原文，會在適當的地方再另外分出一個段落。引用的文章當中，引用人所加註的註解則會附上〔 〕。

亞當史密斯　目次

亞當史密斯

《道德情操論》與《國富論》的世界

序章　光明與黑暗的時代

十八世紀的英國社會情況

一七七五年，美國東部的十三個殖民地群起反抗英國而引發了獨立戰爭。十九世紀的英國文豪查爾斯・狄更斯（一八一二—七〇）在其著作《雙城記》（一八五九）的開頭，對於這個時代的英國社會情況做了如下的描述。

那是個美好的時代，也是個醜陋的時代；那是個智慧的時代，同時也是個愚蠢的時代；那是個有信念的時代，也是個不信任的時代；它有光明的時候，也有黑暗的時候；那是個充滿希望的春天，也是個令人絕望的冬天；它看似前途充滿了光明燦爛，又看似前途暗黲飄渺。那是個人們看似一路平順的過著安穩生活的時代，卻又看似在動盪不安之中求生存的時代。簡而言之，那個時代的一切，都像極了現在這個時代[1]。

事實上，十八世紀的英國社會中，同時存在著光明面與黑暗面。

1　光明面

政治的民主化

談到光明面，首推「政治的民主化」。一六八八年的光榮革命以及隔年依據權利法案確立了議會的權利之後，廢止法令、課稅、募集常備軍等都須經過議會的同意才得以實行。議會是由國王支持派的保守黨與議會派的反對黨所形成的，再由多數派系的政黨進行組織內閣、推選首相，而開始了內閣對議會負責的「責任內閣制」。議會採二院制，分別是由地位崇高的神職人員及貴族所組成的上議院，以及由大地主和富有的工商業者所組成的下議院。在十八世紀，下議院的發言權也逐漸大增。在議會裡的發言受到了言論自由的保障，國王則被定位在「只有象徵性的地位，而沒有實質的政治權力」。

不過，選舉權則是僅限於有一定收入以上的土地所有者才能擁有，一般的民眾是沒有選舉權的。而且賄選也是件稀鬆平常的事。尤其是在因為人口減少而幾乎沒有什麼選民的選區（腐敗選區）裡，有力人士只要買票，不必經由正式的選舉也會當選議員。而議會的審議過程中，利害關係人的行賄情事也未曾間斷過。

像這樣的英國議會政治，表面上看似是民主政治，其實是個貪腐的貴族政治。但儘管如此，與法國、西班牙、澳大利亞等生活在君主專政之下的國民相比，英國的國民確實是早一步學習著「做自己的主人」。

大西洋貿易圈的確立與經濟發展

對英國而言，至一七七五年為止，是其以大西洋為據點，奠立了大英帝國地位的時代。對於在十七世紀擊敗荷蘭的英國來說，法國成了其侵略世界時的大敵。但是英國與法國經過了先後四次的交戰，最後得到了勝利，也更擴大了殖民的版圖。特別是在英法七年戰爭獲得了勝利之後，英國不但驅逐了占據著北美和印度的法國，也因此建立了橫跨北美、西印度群島、西非以及東印度等廣大的大英帝國。

大英帝國的建立也造就了大西洋貿易圈。從西印度群島或北美等殖民地紛紛將砂糖、煙草、棉花、米、染料等運往英國。由於這些商品是採大量生產制來製造生產，需要龐大的人力，因此就把美洲的原住民當成奴隸送到西印度群島和北美從事勞役。英國則是將槍械、酒、毛織品、棉織品、金屬製品等外銷至各殖民地。而殖民地所提供的商品，除了在英國國內消費使用之外，同時還外銷到歐洲其他各國以獲取利益。在殖民地所生產製造的，是在歐洲無法生產的商品，再將成品銷往歐洲各國，不但有利於英國的貿易收支，而且將貿易往來的重要工具「貨幣」都大量集中在英國，英國也因此在大西洋貿易圈中擔負了重要的角色。

在十八世紀，英國的經濟發展可以說是受到了輸出相關製造業的影響。從一七〇〇年到一七七〇期間，整體的生產量增加了一・四倍。同期間，農業生產量約為一・二倍，相較於非輸出相關製造業的生產量只增加了一・一倍，輸出相關製造業則是增加了二・六倍。英國儼然已取代了荷蘭，成為另一個以貿易立國的國家[2]。

生產技術的革新

之後所進行的基本性的生產技術革新，即所謂的「產業革命」，也是在這個時期開始的。首先，從棉花工業開始進行革新。英國的傳統纖維工業是毛織品工業，但自從由東印度引進了棉織品之後，英國也開始了棉花工業。而且從西印度群島和北美可以進口到便宜的棉花之後，棉花工業就更加的蓬勃發展了。另外，由於棉花工業是個新興工業，和受到了傳統以及法規約束的毛織品工業相比，在引進新技術時的制度面障礙相對的也較少。

在一七三〇年代，由於織品部門的機械改良，使棉織品的產量大增，不久便導致棉紗量不足，因此就必須要求提升紡織部門的生產效率。為了因應此一生產需求，詹姆斯・哈格里夫斯在一七六四年發明了「多軸紡紗機」。之後，理查・阿克萊特發明了「水力紡紗機」，克朗普頓更結合了「多軸紡紗機」與「水力紡紗機」的優點，發明出「繆爾紡紗機」。另外，在織品部門方面，卡特萊特於一七八五年利用蒸汽機發明出可以自動織布的「動力織布機」，更加提升了生產效率。蒸汽機是由英國發明家湯瑪斯・紐科門所發明的，再經由英國科學家詹姆斯・瓦特的改良。木棉工業的技術，不久後也被應用在毛織品工業與麻織品工業上，使得纖維工業的整體產量明顯大增。

由於在纖維工業上大量使用機械以及蒸汽機的普及，連帶的促使製造機械的重工業也隨之發展。在英國各地紛紛建造了使用煤碳當燃料的銑鐵爐，結果煤碳的需求量大增，也帶動了煤礦業的發展。同時也在擁有煤礦和銑鐵爐的都市之間建造了運河。一七七五年，像這樣一種生產技術上的革新，只不過是一個開端而已，但這也為了在十九世紀中期即將完成的「世界工場」做了萬全的準備。

知識的進步與普及

十八世紀對於包含英國在內的歐洲世界而言，可謂是個「啟蒙時代」。所謂的「啟蒙」，指的是重視人類的理性面，並經由科學知識的進步與普及讓人們從無知的狀態中解脫。對於自然界，不要只照著聖經上所寫的去理解，而是要經由實驗和觀察做客觀性的理解，再試著根據不同的情況，利用數學去對結果做出合理的說明。這種試驗方式的代表首推物理學家牛頓（一六四二—一七二七）。

這種凡事不仰賴宗教的權威性，而是站在客觀的立場去做判斷的方法，不只是自然界，也適用於人類社會。十七世紀中期的托馬斯・霍布斯（一五八八—一六七九），以及十七世紀末的約翰・洛克（一六三二—一七〇四）都利用這個方法來分析人類與社會。在十八世紀傳承他們二位的研究方法的後繼者有：盧梭（一七一二—七八）、大衛・休謨（一七一一—七六）、伏爾泰（一六九四—一七七八）、孟德斯鳩（一六八九—一七五五）、德尼・狄德羅（一七一三—八四）、達朗伯特（一七一七—八三）等。他們各自都有獨特的人類觀與社會觀，在批判當時不合理的社會體制的同時，對於持續影響著歐洲的新社會，亦即商業社會（或稱文明社會）也提出了各自獨到的見解。

這段期間，出版品的數量激增。大多數的出版品並不是用拉丁語寫的，而是用英文、法文或德文等一般的通俗語言來寫，所以人們就可以透過這些出版品去了解作者的科學發現或思維模式。另外，歐洲各地也設立了學會或科學協會，力圖振興學術與科學。大學也從過去以神學院為主的舊體制轉而朝向接納新學問領域的體制的改革之路邁進。其他，例如讀書會、咖啡屋、知性的交流聚會等也對知識的進步與普及有很大的貢獻。知識已經不再是神職人員所獨有的[3]。

十八世紀中期的英國，由於像這樣的政治民主化、經濟的發展、技術的革新、知識的進步與普及等而變得多彩多姿。一言以蔽之，可見大英帝國的前程是充滿了文明之光的。

2 黑暗面

社會差距與貧困

然而，在當時的英國社會裡也有黑暗的一面。第一個黑暗面是英國國內的社會差距與貧困問題。隨著貿易活動的擴大或製造業的發展，英國的經濟確實是有所成長。但是，其經濟成長的結果並沒有遍及到社會底層。

十六世紀之後，人口不斷地由農村流向都市，結果使得都市人口增加。能夠在都市裡找到工作的人就成了勞動者，而無法找到工作的人就成了失業者或流浪漢，不得不在貧民街上生活。在都市裡，把能夠順應經濟情勢變化的人歸類於「勝利組」，反之，則被歸類於「失敗組」。

威廉・賀加斯（一六九七—一七六四）在他的二幅銅版畫作品——《啤酒街》和《金酒小巷》裡就描繪出了這樣的情景[4]。這二幅版畫都是以一八世紀中期的倫敦為舞台背景。《啤酒街》這幅畫中充滿了朝氣蓬勃，每個人都各自做著自己的工作。修築大樓、更換招牌、享受著被視為健康飲料的啤酒。畫裡唯一令人感到蕭條的就是右邊的當舖。

在另一幅《金酒小巷》的畫裡所描繪的是貧民街。畫中央的母親，因為爛醉如泥，連自己的小孩從手中滑落到地面上也渾然不知。在她面前的男性，因為過度飢餓而呈現瀕死狀態。坍塌的大樓也沒人去理會，人們只是一味的喝著烈酒——金酒、發狂、騷亂，然後死去。畫中讓人感到有權勢的人只有在左邊的戴著假髮的當舖老闆。像這樣以《啤酒街》來表現商業社會裡光明的一面，相較之下，《金酒小巷》所表達的就是黑暗的一面。當然賀加斯是以誇張的手法來表現這二幅畫，或許一八世紀中期的倫敦並不像版畫裡所描繪的樣子。然而，會成為諷刺畫家的作畫題材，社會差距與貧困的問題，的確是存在於這個時代裡的。

賀加斯《啤酒街》（上圖）、《金酒小巷》（下圖）

圖 0-1　英國的國債餘額

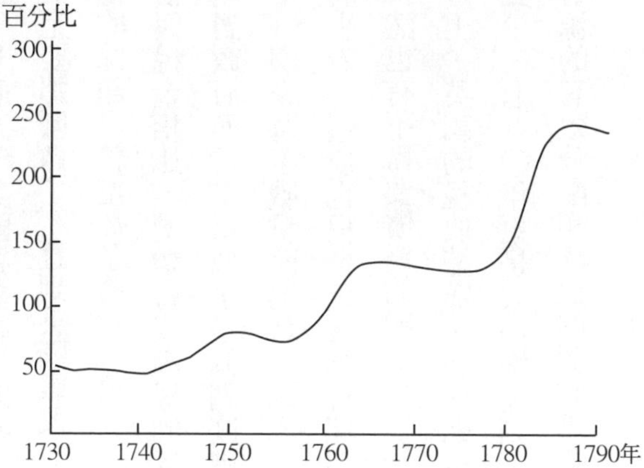

事實上，依據針對供需缺口所做的推估，在英格蘭和威爾斯為了濟貧而必須支出的金額，一六九六年是四十萬英磅，到了一七七六年則大幅增加至一百五十萬英磅。即使從它佔國民所得的比例來看，從〇・八％到一・六％也增加了一倍。無論從絕對或相對的觀點來說，貧困層的規模的確是擴大了許多[5]。

財政問題

第二個黑暗面是財政問題。雖然英國在英法戰爭裡獲得了勝利，但是為了調度戰爭所需的費用，也發行了大量的國債。圖0-1所表示的是自一七三〇—九〇年，英國國債餘額的推算金額[6]。由圖可知，國債的餘額是以階梯狀逐漸增加的。第一個階段是因為奧地利王位繼承戰爭（一七四〇—四八）而增加的。第二個階段則是因為七年戰爭（一七五六—六三）而增加，且較第一個階段更高。在一七七五年美國獨立戰爭開始之際，英國打算攀上更高一層的第三個階段。而且，英國事實上已決定要那麼做了。直到英國戰敗，因為戰爭持續了八年才結束，到了一七八三年，比起戰前，英國國債的餘額已經增加了將近二倍。

國債與稅金相比，遭議會或國民的反對機率較小，且因為可以在短時間內籌措到高額的調度資金，所以對政府而言，這似乎是個調度戰爭所需費用最便捷的方法。然而，這也意味著在國民毫無意識之下，國家為了戰爭而消耗了國本。從經濟成長的觀點來看，發行國債比課稅更加不利。即使就財政面來看，國債也只是延緩納稅期限的一種方式而已，將來為了要償還國債，反而必須要增加稅收。當然也有不需要償還的國債，但為了要支付利息，還是必須要課稅。

事實上，英國的稅收總額，在一七三〇年是六百二十萬英磅，一七七五年則增加到一千一百萬英磅，到了一七九〇年更是大幅增加到了一千七百萬英磅[7]。英國的確是成了一個重稅國家。稅金增加對於資源的有效分配和國民的勞動意識有負面的影響，也有阻礙經濟成長之虞。

美國殖民地的問題

七年戰爭結束後，英國政府才意識到財政問題的嚴重性。長久累積的國債也必須先償還一部分，但為此就有必要果斷的決定增加課稅。然而，英國國內的人民早已受沉重的稅賦所苦，若是因此再增加人民的負擔，不僅對國家經濟發展不利，在政治方面也會產生危機。因此英國政府便決定，對居住在英國領土之內，長期受到英國常備軍的保護，但卻從未納過稅，也就是美國殖民地居民們進行課稅。對英國政府而言，這似乎是個再合理不過的議案。

但是，殖民地居民卻對這個議案感到憤怒繼而群起反抗。殖民地居民，對於一些有利於英國國內擁有特權的商人或是大製造業者的法規而使他們無法自由的從事經濟活動這一點，早就積怨已深。另外，雖然選出了議員，但是對於沒有權利向政府或國王申訴自己的不滿也感到很不服氣。因此殖民地居民會提出「沒有代表權就不能徵稅」的主張也是理所當然的。結果，英國政府為了要脫離財政困難的窘境，竟演變成不得不再進行必須花費大量經費的戰爭。戰爭和財政窘境的惡性循環就這樣不斷的持續下去。

英國人民當中，有些人把獨立戰爭視為是市民革命，或是民主化運動，不但大大的歡迎也很熱衷。他們都是對腐敗的政治感到絕望，夢想獨立後的美國可以建立起一個理想的共和國，其代表人物是托馬斯・潘恩（一七三七－一八〇九）。潘恩在一七七六年出版了一本名為《常識》的小冊子，主張殖民地居民要捨棄所有的妥協，以從英國殖民中獨立出來為目標。由於《常識》的熱賣，據說，十個人當中就有一個人看過這本有煽動性的小冊子。

就英國政府的立場而言，絕對要阻止失去這個多年來投注了大量的資金才得到並維持至今的美國殖民地。因為若是失去了美國殖民地，也就意味著失去了大西洋貿易圈樞紐的地位，同時也意味著大英帝國的瓦解崩潰。國內的貿易業或是輸出相關製造業也會因此大受打擊。有特權的商人或是大製造業者等具有雄厚實力的人對政府的失策爆發不滿的話，議會就會陷入一片混亂。在軍事方面，由於英國長期壓制著殖民地，一般認為鎮壓暴動只是時間的問題而已。但是，殖民地居民的強烈不滿，以及還留存著革命意識的情況下，就必須要避免發動武力壓制。以那樣的方式終結，就意味了殖民地對英國政府而言代表了政治上的火藥庫。殖民地居民的不滿情緒和革命意識對英國而言就像是星星之火，一旦延燒開來的話，英國的政治體制或許有可能就此崩潰瓦解。

原本前途充滿了文明之光的大英帝國，就因為社會差距與貧困，還有戰爭與財政窘境的黑暗面而光芒盡失。

3　亞當史密斯的一生與課題

史密斯的生涯與知識環境

一七二三年，史密斯生於蘇格蘭伐夫郡的可可卡地。他自格拉斯哥大學畢業後，曾經進入英國牛津大學就讀，但後來中途退學又回到蘇格蘭。一七五一年，在格拉斯哥大學擔任邏輯學教授，隔年轉任道德哲學教授。一七六四年，離開了任教十三年的大學，轉而擔任貴族的家庭教師，同時大約三年左右的時間都到法國和瑞士去旅行。他回到英國之後便專心於寫作，在一七七八年，他被任命為蘇格蘭的關稅查帳員（由全蘇格蘭參與關稅或稅賦計畫的五位委員所組成）。一七八七年到格拉斯哥大學擔任名譽總長一職，但在一七九〇年因病逝世，享年六七歲[8]。

史密斯一生大部分時間都是在蘇格蘭渡過的。當時的蘇格蘭和法國同樣都是知識性活動非常盛行的地區，就如同之後被稱為「蘇格蘭啟蒙運動」一樣，同時具有一致性與衝突性。史密斯曾經受教育並任教的格拉斯哥大學和愛丁堡大學在當時並稱為蘇格蘭啟蒙運動的學術中心。蘇格蘭在一七〇七年被英國統一，自此便失去了獨立的政治權。因此，喪失了獨立政治權的蘇格蘭，在啟蒙運動中所抱持的情感背景便是要藉由學問藝術以及科學來找回已失去的自我並維護自我。維持社會秩序並促進社會繁榮的人性為何？另外，社會在文明發展的同時，關於人類與社會的根本問題，亦即關於道德哲學的問題會有什麼樣的變化，也傾注了全力進行探討，這與蘇格蘭人的自我意識復興運動並非毫無關係的[9]。

亞當史密斯（1723-90）

史密斯於格拉斯哥大學就讀期間，修讀了蘇格蘭啟蒙運動的中心人物之一的哈奇森（一六九四—一七四六）的道德哲學課。哈奇森承續了格老秀斯（一五八三—一六四五）和普芬道夫（一六三二—九四）等道德哲學學者的自然法思想。所謂的自然法思想，是指認同促進人類的存續與繁榮的普遍性的完全法（即自然法）之存在，在研究探討自然法的同時，也以自然法為基礎對現實的人類與社會做出批判性檢討的一種思想。哈奇森認為，社會秩序是由人類共通的「道德感覺」所引導出來的。史密斯雖然受到哈奇森思想的影響很大，但也希望建立與哈奇森有所不同的道德哲學[10]。

另一位帶給史密斯很大影響的是大衛・休謨。史密斯和休謨從一七五〇年到一七七六年休謨去世為止，兩人一直保持著親密的交情。休謨的著書《人性論》（一七三九—四〇），是以他自己的經驗及觀察為基礎來試著描述出人性的一部著作，也確實是一門象徵「啟蒙」的人類學。但是，休謨並不贊同洛克和盧梭等人提倡的象徵啟蒙時期的社會理論——社會契約論。社會契約論的理論是，一個理想的社會是建立在人與人之間的契約關係。對休謨而言，這樣的想法不僅會被歷史事實所否定，也與革命思想有所關連。因為根據社會契約論，當受到了政府的壓制，人民會認為政府是違反契約，這時人民就可以強制剝奪政府的統治權。休謨認為雖然必須要推行社會改革，但輕易發動革命，反而會破壞社會秩序。他重視透過經驗和習慣而漸漸建立起來的社會制度，對於基於理性而立即或是認為無論怎樣都可以改變的想法，抱持懷疑的態度。身處啟蒙時代，身負啟蒙重任，休謨也同時洞察了潛藏在「啟蒙」當中的傲慢性。史密斯則承續了休謨的這種洞察力。

史密斯雖然身處蘇格蘭啟蒙運動的漩渦之中，但他的知識來源並不僅侷限於蘇格蘭啟蒙運動。事實上，史密斯到法國和瑞士去旅行時，就和當時的法國啟蒙思想的權威伏爾泰、達朗伯特、愛爾維修（一七一五—七一）、魁奈（一六九四—一七七四）、杜爾哥（一七二七—八一）等人有過交流。尤其是透過與伏爾泰和杜爾哥等被稱為「經濟學人」的經濟學學者們的討論，對於那個時候正在著手進行的《國富論》的獨創性和認識問題點的方面是有所助益的。另外，史密斯也擁有三千多本藏書，其中包含了各個時代、國家，還有各種不同領域的書籍。史密斯從這些書當中，廣泛地吸取了豐富的知識。

亞當史密斯的課題

與淵博的學識相較之下，史密斯所撰寫並付梓出版的著作量就相形見絀了。事實上，他所出版過的著作也只有《道德情操論》與《國富論》而已。其他的，雖然也曾經計畫出版與「法律和統治的一般原理與歷史」相關的書籍，但最後卻無疾而終。史密斯在他去世的前幾天曾拜託他的友人，將他手邊不具出版價值的草稿都燒毀。「法律和政府的一般原理與歷史」的相關資料在當時也被燒掉了。沒被燒掉的草稿則經由他的朋友們整理並集結成冊，在他死後出版了《哲學論文集》

（一七九五）一書。在這本論文集當中，包含了與天文學的歷史相關的論文，另外還有關於藝術論或感覺論等等的一些零碎的論點也包含在內。

在史密斯所出版過的二部著作當中，《道德情操論》在一七五九年發行第一版，至一七九〇年為止共歷經五次的修訂改版。另一本《國富論》則是在一七七六年發行第一版，前後也歷經了四次的修訂改版，直到他去世前的最終修訂版也於一七八九年再出版。也就是說，對於這二部著作，史密斯不斷的再版並不斷的做修正，終其一生都將心力放在這二本著作上。

就如同在本章所提到的，十八世紀的大英帝國，在接受了「政治民主化」、「經濟發展」、「技術革新」、「知識的進步與普及」等等所謂文明的光明面的同時，另一方面，也承受了「社會差距與貧困」、「戰爭與財政困難」等等的黑暗面。姑且不論政治民主化，像這樣的光明與黑暗二面性，不僅是大英帝國，當時的法國以及其他歐洲各國也都面臨了同樣的問題。

說到底，當時的歐洲各國已經逐漸形成一股良好的社會秩序，或者是變成了一個失序的社會。另外，就歐洲全體而言，到底是建立起國際秩序，還是陷入了更嚴竣的戰爭狀態；還有，歐洲各國的經濟正往繁榮邁進，或是實際上正走向衰退的回頭路呢？建立社會秩序與繁榮的普遍性原理到底是什麼呢？而妨礙社會秩序與繁榮的原因又是什麼呢？

這些都是要對人性做考察之後再重新審視並檢討的問題。而亞當史密斯也是透過他這二本著作去正視這些問題。

註釋

1 狄更斯《雙城記》（上、下卷，中野好夫譯，新潮文庫，一九九一年）上卷，第九頁。

2 請參照P. Deane and W. A. Cole, British Economic Growth, 1688-1959 (Cambridge University Press, 1967), P.78。

3 請參照弓削尚子《啓蒙の世紀と文明観》（山川出版社，二〇〇四年），此書被視為啟蒙時代的歐洲的詳細解說書。

4 關於賀加斯的銅版畫，請參照森洋子《ホガースの銅版画—英国の世相と諷刺》（岩崎美術社，一九八一年）

5 請參照 P. Slack, The English Poor Law, 1531-1782 (Macmillan Education, 1990)，第三〇及三四頁。以及 M. Daunton, Progress and Poverty: an economic and social history of Britain 1700-1850 (Oxford University Press, 1995), P.448。

6 圖表是依據B. R. Mitchell, British Historical Statistics (Cambridge University Press, 1988), p.600-602之數據資料作成。

7 請參照前揭書，第五七六—五七七頁。

8 與亞當史密斯生平有關的文獻當中，最詳細且具總括性的著書為I・S・羅絲《アダム・スミス伝》（The Life of Adam Smith，篠原久、只腰親和、松原慶子譯，Springer fair lark，東京，二〇〇〇年）、水田洋《アダム・スミス—自由主義とは何か》（講談社學術文庫，一九九七年）。山崎怜《アダム・スミス》（研究社，二〇〇五年）。

9 關於蘇格蘭人的自我意識復興運動，請參照高橋哲雄《スコットランド—歴史を歩く》（岩波新書，二〇〇四年）。

10 關於蘇格蘭啟蒙運動更為詳細的解說，請參照田中秀夫《原点探訪—アダム・スミスの足跡》（法律文化社，二〇〇二年）

I 《道德情操論》的世界

第一章　人性引導社會秩序

1　《道德情操論》的目的

以道德為基礎的情操

《道德情操論》是史密斯在格拉斯哥大學講授道德哲學課程時期所寫的一本著作。

《道德情操論》的主要目的就是在釐清引導社會秩序的人性到底是什麼。所謂的社會秩序，是指構成社會的所有人員都遵守著某一個規則並營造出和平又安全的生活。

人類社會，無論從何時何地來看，都不可能實現完全的社會秩序和完全的和平。在任何一個時代，任何一個社會當中，犯罪、糾紛或戰爭都從不曾間斷。事實上，應該沒有一個人對於自己所身處的社會是感到完全滿足的吧。然而，人類社會中也並不是完全毫無秩序可言。概括而言，就算不是一個完全秩序的社會，也仍然有一定的社會秩序存在。如果生於一個安逸自在的社會或時代裡，我們便無需擔憂自己的生命安危而過著安穩自在的生活。現在的我們，為什麼不會認為坐在身旁的人會傷害自己呢？那是因為我們都知道傷害別人的話就會受到法律的制裁，所以每個人自然而然的在日常生活裡就會遵守法律。

像這樣在一個有秩序的社會中，人人制定出法律並遵守法律，然後過著安心又安全的生活。那麼，人類的原始本性是怎麼樣的呢？又為什麼要制定法律並遵守法律呢？換句話說，引導社會秩序的人性是什麼呢？史密斯希望在《道德情操論》這本書中，解答這個問題。

亞當史密斯就以《道德情操論》這本書的書名做為最具代表性的答案。他認為社會秩序的原理，也就是道德原理是以情操為基礎。但必須注意的是，《道德情操論》的原文書書名是《The Theory of Moral Sentiments》而不是《The Theory of Moral Sentiment》。亞當史密斯的老師哈奇森所認為的社會秩序是以人類心中的一種特殊情感為基礎而建立起來的。但是，亞當史密斯的想法並非如此。他認為，社會秩序是經由存在於我們心中的喜悅、憤怒、悲傷等各種不同情緒的相互作用後才形成的。道德原理所指的並非只是一個特殊的情感，而是要建立在諸多情感的基礎之上。這也就是為何在《道德情操論》的原文書書名的最後要以複數形「Sentiments」來表示的原因。那麼，人們的諸多情感是透過怎麼樣的相互作用才形成了社會秩序的呢？下面將對於亞當史密斯關於這個問題的想法稍做說明。

2　「同感」的本質

何謂「同感」

《道德情操論》一書的內容，從下面這一段文章開始。

人類一直被認為是是一種非常自私的動物，但不可否認的是，人性當中還有其他的原則存在著，也因此才會去關心別人的幸與不幸，看見別人得到幸福，自己也會覺得很高興，同時也會感受到對自己而言什麼才是最重要的東西。這種情感就是所謂的「憐憫」或「同情」，也就是當我們看到別人遭遇不幸時，或是在內心深處對於別人的不幸所深刻感受到的那一股情緒。當我們看到像別人悲傷時，自己也會有同樣感到悲傷，這是顯而易見的事實，也因此就沒有必要舉出任何實例去證明了。（《道德情操論》第一部第一編第一章）

從這段文章當中，我們可以了解，亞當史密斯認為人類並不是單單只有自私。人類並不光只是考慮到自己的利益而已，在人性當中還潛藏著其他的原則。那就是對他人的關心。一個人對於一個即使與自己沒有任何利害關係的人，還是會對他的幸與不幸，或是他的遭遇抱持著關心，然後藉由觀察進而引發出自己內心深處的某種情感。這種假設性的論說，也正是《道德情操論》的出發點。

圖 1-1　對他人的情感・行為的判斷

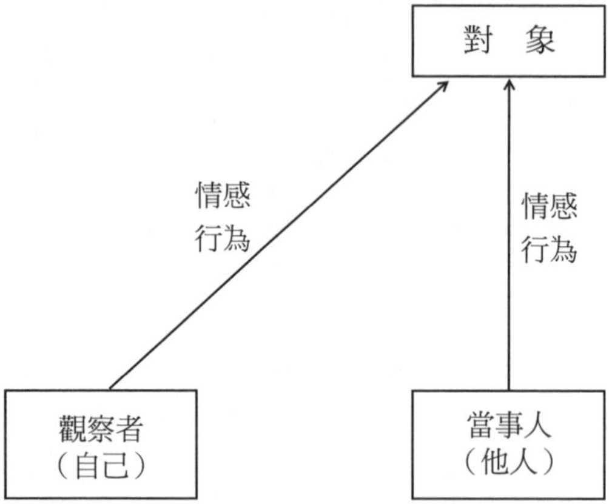

當我們在觀察別人的時候，內心會產生什麼樣的反應呢？可以透過圖1-1來說明亞當史密斯的想法。現在，將第三人視為當事人，以他（她）的處境，或是與某一個對象間的關係來做說明。舉例而言，對於身在「已經找到工作」這個情境之中的人而言，我們可以說，「工作」就是對象，「找到」就是關係；而對於一個「遭遇親人去世」的人而言，我們就可以說，「親人去世」就是一個對象，而「遭遇」就是關係。當事人藉由與某一對象之間所擁有的關係便會引起某一種情感。一般而言，找到了工作就會高興，面對親人的去世就會悲傷。在不同的場合之下，不僅只是會引起某一種情感而已，也可能會引發出某一種行為。例如說，可能會因為高興而大笑，也可能會因為哀傷而嚎啕痛哭。

就算是和自己毫無利害關係的人，我們還是

會對他們的情感或行為抱持著關心的態度並加以觀察。當有一個人大聲狂笑（或是有一個人嚎啕大哭），我們就會認為應該是發生了什麼事。然後，就會想要更進一步的去了解那個人的遭遇、情感或是做出這種行為的原因。

接著，我們就會設身處地，想像自己和他（她）正身在同一個境遇當中，並試著去和當事人有著同樣關係的對象做結合。也就是說，試著去想像，如果自己和當事人碰到了相同的遭遇時，會產生什麼樣的情緒，或是會做出什麼樣的舉動。例如：如果自己找到了工作，那會有多麼開心呢？如果失去了親人，又會多麼的悲傷呢？

在我們把自己所想像的情感或行為與實際觀察到的他人的情感或行為相互做比較之後，當兩者間幾乎相同的情況下，那我們就會認同（approve）他人的情感或行為是具有正當性（propriety）的。而當兩者間差異大太時，那我們就會否定（disapprove）其正當性。若是當事人知道了我們對他的情感或行為表示認同的話，那麼不但是當事人，連我們自己也會感到很高興。相反的，如果當事人得知了自己不被認同，那麼不只有當事人，就連我們自己本身也不會感到快樂。例如，對於失去親人的人來說，「我也碰到了和你相同的事，也和你一樣的難過」，如果我們把這樣的訊息傳達給他（她），那麼或許會讓當事人緩和一下悲傷的情緒。我們自己本身則在感受那股悲傷情緒的同時，或許也從中得到了某一種程度的滿足感吧。反之，若是在一個正高興著找到了工作的人面前表現出

「如果是我的話，才不會像你高興成那樣呢」的樣子，那當事人心裡應該會感到很不高興，而我們自己也可能會因為心口不一而感覺到煩悶吧。

像這樣以內心情緒的交互作用結果去判斷他人的情感或行為的正當性，亞當史密斯就將其稱之為「同感」（sympathy）。所謂的同感，就是將他人的喜悅、悲傷或憤怒等等情感都複製到自己心中，再運用想像力試著去引導出與對方相同的情感，也可以說是人們用來檢討是否能夠引導出與對方相同情感的一種情緒性能力。

他人對於自己的情感或行為的判斷

我們會利用同感去觀察別人的情感或行為後再做出「認同」、「否定」的判斷。根據亞當史密斯的想法，在反覆不斷的觀察與判斷過程中，我們對於他人甚至是自己的情感或行為都會抱持著關心的態度，並透過觀察與想像，站在自己的立場上，就能知道應該是要「認同」或是「否定」。接著，我們就會想要再進一步的去了解別人是如何看待自己，會「認同」我們或是會「否定」我們呢？在圖1-2當中所表示的就是這種內心情緒的交互作用。

在圖1-2當中，「自己」就是當事人，自己對某一個對象會產生某種情感，或是會發生某種行為。他人就是在觀察自己的情感或行為的觀察者。觀察者便會想像，當他（她）本身站在「當事人」的

圖 1-2　他人對自己的情感・行為的判斷

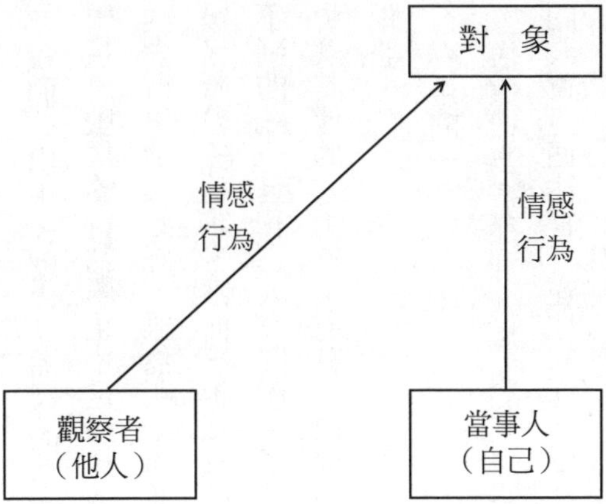

立場時，會有什麼樣的情感，又會採取什麼樣的行動。當觀察者所想像的情感或行為與當事人所表現出來的幾乎一致的話，那麼就表示，觀察者認同當事人的情感或行為。反之，兩者間若是出現了很大的差異時，那麼就表示觀察者否定當事人的情感或行為。觀察者的認同，會給當事人愉快的感覺；反之，則會令當事人有不快感。對於身為觀察者的「他人」而言，同樣的，在能夠認同當事人的時候，也會感到快樂，反之，則是感到不愉快。

由於我們都意識到自己的情感或行為都會受到別人的檢視，因此就會希望得到別人的認同，或是不希望別人否定自己。亞當史密斯認為，這是人類共通的願望，而且也是每一個人心中最重要的事。

心中的公平觀察者之形成

每個人都期待自己的情感或行為能夠得到別人認同。那麼，我們又是以哪一個人的認同為基準去調整自己的情感或行為呢？亞當史密斯的想法如下：

我們一出生，就自然而然的會想要讓別人開心，再經由與父母、師長、同儕等人的相處過程去學習怎麼樣的行為舉止才是最舒適合宜的，並慢慢的養成自我習慣。再進一步與人交談，在短時間內會博得他人好感，雖然明知道並不是所有人都會有善意的回應或是給予我們明確的認同，但仍會汲汲營營去追求。然而，根據經驗便能立即判斷出，就一般常理而言，這種明確的認同是完全追求不到的。一旦和別人之間產生了重要的利害關係時，我們就會了解到，讓一個人快樂的同時，或許會讓其他的人生氣；還有，依據不同場合，當我們想要討好一個人的同時，或許會讓其他的人感到厭惡。

〔中略〕

像這樣為了從別人片面的判斷來保護自己，面對和自己共同生活的人，我們就會在心中為彼此間設置一個法官，在他的面前就會做出某一種行為。他是一個非常公平公正的人，無論是對我們自己，或是對於和我們有關的人，都沒有任何特殊關係存在。他對於他人或是我們自己而言，既不是父親，不是兄弟姐妹，也不是朋友，只是單純的普通人，是中立的觀察者，就像是在觀察我們還有我們在觀察別人行為的情況一樣，他是沒有抱持著任何利害關係在進行觀察的人[1]。

依據亞當史密斯的說法，我們想得到的是，與自己沒有任何利害關係的「公平觀察者」（impartial spectator）的認同。若是親朋好友對我們表現出來的情感或行為表示「你是對的」，那麼我們就會感到很高興。但是，同時我們也可能會認為，或許是因為那個人對我有種特殊情感存在才會認同我。相反的，若是一個明顯對自己有敵意的人對我們說「你是錯的」，當下可能會感到很震憾，但冷靜下來之後，就會認為那種批評是欠缺公平性的，並不需要去理會它。不管是哪一種情況，都無法對我們的情感或行為的正當性與否做出正確的判斷。能夠做出正確判斷的，就只有和自己沒有任何利害關係，而且對自己也沒有特殊情感的公平觀察者。

我們透過自己當觀察者的經驗還有身為當事人的經驗，在自己身處的社會裡實地去學習公平觀察者對他人的情感或行為是如何進行判斷的。接著，就以自身的體驗為基礎，試著想像，如果自己是一個公平觀察者，那麼會對自己的情感或行為做出什麼樣的判斷？再將自己的情感或行為與自己認為公平觀察者會認同的情感或行為做對照。依照這樣的形式，在我們心中就會形成一個公平觀察者的標準，再以這個標準為基礎去判斷自己的情感或行為的正當性。圖1-3所說明的就是這個情況。

在圖1-3裡，自己除了是當事人以外，同時也是判斷情感或行為正當與否的公平觀察者。自己將

圖 1-3　對自己的情感・行為的判斷

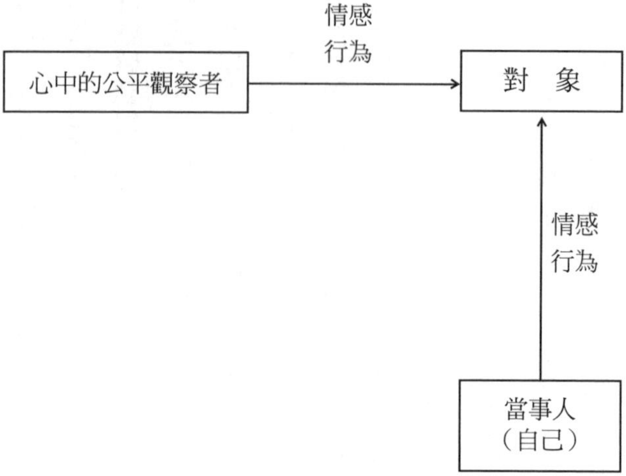

自己分割成法官（公平觀察者）和被告（當事人），由自己來判斷自己的情感或行為。

身為當事人的自己，會對某一個對象產生某種情感或是做出某種行為。另一方面，在自己心裡還有另一個身為公平觀察者的自己存在，作用就是判斷自己的情感或行為是否正當。我們並非一直都是遵從著自己心中的公平觀察者的判斷，但會在意判斷的結果。當我們自己的情感或行為受到了心中公平觀察者的認同時，就會感到安心，反之，如果被否定了，就會認為自己是否產生了錯誤的情感或是做錯了什麼事情而感到內心不安。

我們會像這樣繼續進行心中公平觀察者所認同的情感或行為，而對心中公平觀察者所否定的則會加以節制。

圖1-2和圖1-3不同的地方是，在圖1-2中，我們所

尋求的是從一個真實存在的觀察者那裡獲得認同；而在圖1-3中，我們所尋求的則是，從自己心中公平觀察者，也就是內部觀察者那裡得到認同。真實存在的觀察者與心中的公平觀察者有二點相異之處。

第一，由於真實存在的觀察者是第三人，所以對於自己所處的境遇還有情感或行為的動機等等無法有正確的了解。相反的，由於心中的公平觀察者就是自己，所以就能夠完全掌握與自己相關的所有情報。第二，真實存在的觀察者有可能和自己是有某種利害關係存在或是對自己持有偏見的人，因此未必能做出公平的判斷。反之，心中的公平觀察者與自己並沒有任何的利害關係或偏見存在，而且也能完全掌握住關於自己的相關情報，所以就能做出公平的判斷。雖然心中的公平觀察者會依據真實存在的觀察者的判斷而做出判斷，但有時候也會做出和真實存在的觀察者有所不同的判斷。關於心中的公平觀察者與真實存在的觀察者所做出的判斷之所以會有分歧的原因，在下一節當中會有更詳細的檢討說明。

成熟觀察者的判斷

圖1-4所表示的是，心中的公平觀察者形成之後的自己，對別人的情感或行為進行認同或否定的判斷方式。這與圖1-1的情況有所不同，並非以自己，而是心中的公平觀察者為準。以心中的公平觀

圖 1-4　成熟觀察者的判斷

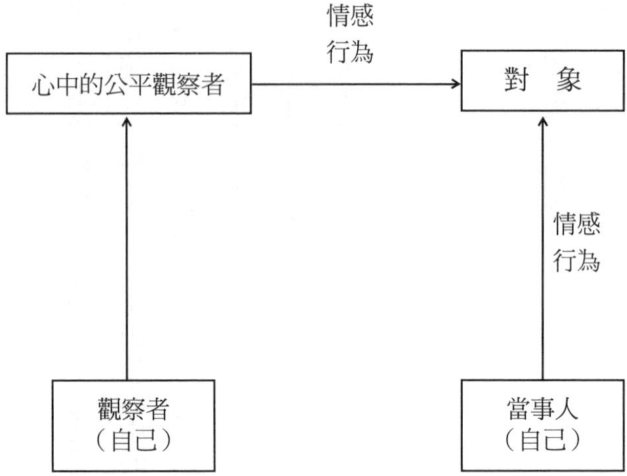

察者與當事人碰到相同的境遇時所產生的感覺或是會採取的行動來考慮。當心中的公平觀察者的情感或行為與當事人所表現出來的是一致時就會認同當事人，反之則會否定[2]。像這樣，我們會隨著年紀的增長，學習著做出冷靜而公平的判斷，避免以自己個人的情緒、喜好或利害關係等去判斷他人的情感或行為。

例如，看到了別人犯下了詐欺、竊盜、傷害、殺人等罪行時，雖然會擔心自己或許也可能犯下相同的罪行，但我們卻不會因為這樣就認同這些犯罪行為。那是因為我們了解，在自己心中的公平觀察者對這樣的行為是不認同的。也就是說我們會把那些不好的念頭放置在一旁，而對別人進行評價。

再舉其他的例子來做說明。當心情低落時，不妨到一個有歡樂氣氛的地方去，例如參加結婚典禮。當然，在心情低落的情況下，就算在那樣歡樂的場合中，應該也無法自在的與人談笑風生吧。但是，在我們心中的公平觀察者知道，什麼樣的玩笑話是適合那種場合的，所以在公平觀察者能認同的合理範圍之內，就算情緒不佳，當下我們也能夠與人自在談笑。而我們雖然無法完全地開懷大笑，但對於這樣的情況也是認同的。相反的，看到了和自己不太親近的人發生不幸，例如出席某一個人的父親的喪禮。由於關係不親近，或許會因為其他事物而分散了注意力。在這種時候，自己應該就無法站在那個人的立場去感受他的悲傷情緒吧。依情況而定，或許可能完全沒有任何悲傷情緒也說不定。然而，由於我們心中的公平觀察者認為那個的悲傷情緒或眼淚是理所當然的，所以我們就會因為自己沒有同情心感到羞愧，而試圖努力讓自己產生一些悲傷的情緒，甚至也會更謹言慎行。

像這樣，在我們心中的公平觀察者一旦成形了之後，我們自己就不僅是當事人，同時也會站在公平觀察者的立場來做自我判斷，並藉由心中的公平觀察者來調整自己的情感或行為。

在此，將上述與同感有關的議論歸納整理如下：

（1）自己會去關心別人的情感或行為。
（2）別人應該也會對自己的情感或行為抱持著關心的態度。
（3）我自己希望盡可能的可以得到多數人的認同。
（4）根據經驗可以了解，在我們生活周遭的大多數人，對於我們所有的情感或行為，會有認同也會有否定。

（5）另外，依據經驗可以了解，我們自己的某一種情感或行為，可能會得到身邊所有人的認同。

（6）因此我們會以經驗為基礎，在自己心中自然形成一個公平觀察者，並遵從著公平觀察者的認同或否定來判斷自己的情感或行為。

（7）同時，也會遵循公平觀察者的認同或否定來判斷他人的情感或行為。

（8）就這樣，無論自己是當事人也好，是公平觀察者也好，都會努力的讓自己的情感或行為配合心中的公平觀察者所能認同的一切。

3 稱讚與批評

稱讚與批評的組合

亞當史密斯利用我們都透過自己心中的公平觀察者的認同或否定來進行判斷的事實，對於所謂的「值得稱讚（praise）」以及「應該受到批評（blame）」的個人感覺來做說明。所謂稱讚・批評的感覺，主要是指我們對於人與人之間所產生的行為的感覺。然後同時思考行為的動機與結果兩

圖 1-5　稱讚與批評的組合

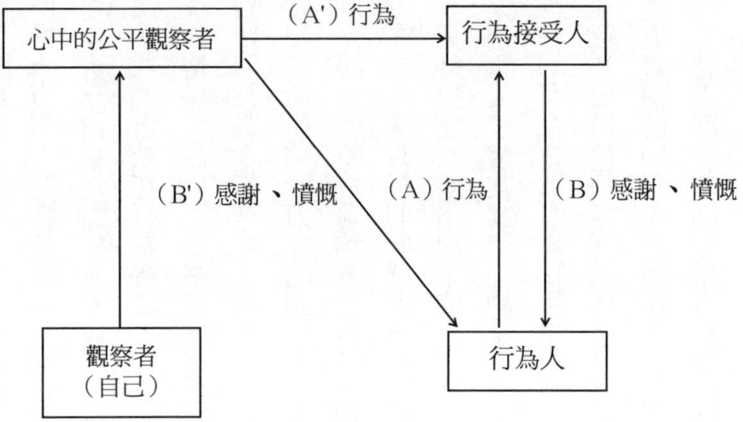

方面之後而產生了稱讚或批評。圖1-5所表示的就是稱讚與批評的組合。

圖1-5可以說是圖1-4的特殊情況。和圖1-4相比較，在圖1-5裡，「當事人」變成了「行為人」，而「對象」就變成了「行為接受人」。在這種情況下，（A）代表的是行為人的行為，而行為接受人所產生的情感就是（B）。對行為接受人而言，當感到愉快時，那麼（B）所代表的情感就是感謝（gratitude）。若是感到痛苦時，那麼（B）所代表的情感就是憤慨（resentment）。

當我們身為一個觀察者時，要如何去判斷這種行為呢？首先，會先從行為人的角度來思考。也就是去想像存在我們自己心中的公平觀察者對行為接受人是擁有相同關係。然後，再去想像公平觀察者產生出的行為（A'）。如果公平觀察者的行為（A'）

和實際行為人的行為（A）呈現一致時，那麼我們就會認同該行為的動機，反之，則會否定。亞當史密斯將這一方面的判斷稱之為「直接的同感」（direct sympathy）。而所謂的「直接的同感」（direct sympathy）就是用來判斷行為動機的正當性的一種心理作用。

其次，我們會站在行為接受人的立場，去想像心中的公平觀察者若是接受了該行為的話，會產生什麼樣的情感。而公平觀察者所產生的情感就是（B'）。如果（B'）是感謝的情感時，我們就會判斷那是好的行為；相反的，若（B'）是憤慨的情感時，我們就會判斷那是不好的行為。

亞當史密斯將這一方面的判斷稱之為「間接的同感」（indirect sympathy）。所謂的「間接的同感」就是用來判斷行為結果，或是由結果來判斷行為的一種心理作用。

重點在於，與直接的同感所不同的是，間接的同感並不把行為接受人實際發生的情感（B）考慮在內，只針對在一般情況下的心中的公平觀察者會發生的情感（B'）進行探究[3]。這意味著，在行為接受人想讓人了解其實際上的某種情感作用的情況下，例如，即使在面對死亡的場合裡，我們也能夠對行為的有益性或有害性做出判斷。

某種行為是值得稱讚或是應該受到批評，都是透過直接的同感與間接的同感兩方面來做判斷的。如果，透過直接的同感所判斷出的行為動機是正當的話，也就是說，行為（A）與行為（A'）是一致的，而且藉由間接的同感所得到的情感（B'）是感謝的狀況下，那麼我們就會判斷該行為是值得稱讚（或獎勵）的。相反的，如果，透過直接的同感所判斷出的行為動機是不正當的話，也就是說，行為（A）與行為（A'）大相逕庭，而且藉由間接的同感所得到的情感（B'）是憤慨的狀況下，那麼我們就會判斷該行為是應該要受到批評（或懲罰）的。

舉例而言，某一個人，雖然自己的生活並不富裕，但對於生活困頓的友人仍會給予經濟上的支援。首先，站在行為人的立場來看，我們就會認為那個人的行為動機，即「同情」或是「友情」是正當的。同時，以行為接受人的立場來看，我們會認為行為接受人很自然的就會對行為人抱持著感謝的情感。結合這二個判斷結果，我們就會判斷行為人的行為是值得被稱讚的。雖然得到幫助的人並不是我們自己，但是我們對這個行為人的行為會給予稱讚，甚至還會心存感謝。當然，會給予多大程度的稱讚，則依照幫助朋友的行為人其本身的生活狀況、那位朋友生活的貧困程度，還有兩人之間的關係親密程度等等，我們所得到的相關訊息來做判斷。

再舉另一個例子來做說明。某一個人，為了去搶劫一個素昧平生的人，而把他（她）殺害了。首先，站在行為人的立場來看，心中的公平觀察者會去檢討是否應該做出那樣的行為。一般而言，應該都會立刻回答「不行」吧！其次，我們會站在行為接受人，也就是被害人的立場來看，並去想像若是我們自己（或是自己心中的公平觀察者）接受了那樣的行為的話，會產生什麼樣的情感呢？毫無疑問的，一定會感到很氣憤吧！就這樣，我們會判斷出，為了搶錢而殺害他人的行為是應該要受到譴責的。自己並不是受害者，也不是自己的錢被搶了，但是我們仍會對做出那種事的人感到很氣憤，而且也認為應該要受到懲罰。甚至，我們還會希望代替受害人去報復那個行為人。

「偶然」對稱讚與批評的影響

亞當史密斯認為，稱讚與批評都是受到「偶然」（fortune）的影響。因為，比起行為的動機，我們更重視的是行為的結果。而且，行為的結果會變成怎麼樣也是受到了「偶然」的左右。通常，我們對於因行為人的正當動機而使行為接受人得到好的結果之行為會給予稱讚；反之，因行為人的不正當動機而使行為接受人遭受到不好的結果之行為會給予批評。這也是基本原則。然而，在各種行為當中，會有：（1）雖然行為人早已有意圖，但因偶然而導致與原先預期不同的結果產生。（2）雖然行為人事前沒有任何意圖，卻會因突發性狀況而對他人造成好或不好的行為。

亞當史密斯認為，在這二個情況中，我們的稱讚與批評都背離了基本原則且擁有不規則性（irregularity）。

首先，先談談第一個不規則性。某一個人出於善意的行為，為他人帶來了利益。例如：某一個人想幫朋友介紹工作。若是遵照基本原則來說的話，這個人的行為動機是正當的，而且對行為接受人而言，也能得到好的結果。照理說，這會被判斷為是值得稱讚的行為。而那樣的稱讚，並不是受到因偶然造成結果的影響。即使偶爾會因為有其他更具實力的候補人選存在而使友人無法順利得到工作，但這都與行為人的善意或努力沒有絲毫的關係，只不過是一個偶然的結果罷了。

但是，行為接受人對行為人抱持的感謝程度，還有，身為觀察者的我們，亦即社會輿論會給予多大程度的稱讚，事實上是受到了行為接受人是否能得到該工作而有很大的影響。那是因為行為人的善意或努力是不容易被察覺的。相較之下，行為接受人是否有得到該工作這件事就很容易被看清楚。人們容易被眼前所見的結果所左右，不管行為人付出多大的善意或努力，只要是能夠創造出好結果的人，我們就會給予稱讚；對於無法創造出好結果的人，只會給予些許的稱讚[4]。

相反的，某一個心懷不軌的人，做出了對別人不好的行為。例如：有人因為只關心個人利益而去殺害他人。若是遵照基本原則來說的話，這個人的行為動機是不正當的，而且對行為接受人而言，得到的是不好的結果。照理說，這會被判斷為是應該受到譴責的行為。而那樣的譴責，並不是受到因偶然造成結果的影響。

舉例來說，行為人在意謀殺害之前，行為接受人就已因病去世。或者是，實際上已嘗試去殺害行為接受人，但因對方的反抗而失敗。這些都屬於偶然的結果。然而，社會輿論會給予多大程度的批評，事實上是受到了是否殺害成功的影響很大。那是因為行為人的惡意是不容易被察覺的。相較之下，行為接受人是否被殺害這件事就很容易被看清楚。人們容易被眼前所見的結果所左右，不管行為人有多大的惡意，對於殺害了別人的人，我們就會給予嚴正的譴責；另一方面，對於殺害他人失敗的人，相對的只會給予輕微的譴責。事實上，在各國的刑法當中，對於殺人罪與殺人未遂罪的刑罰輕重也存在著差異。

其次，第二個不規性指的是，雖然行為人事前沒有任何意圖，卻會因突發性狀況而對他人造成好或不好的行為的情況。關於行為人沒有任何的意圖，但卻帶來了好的結果的情況，亞當史密斯舉了一個要向指揮官傳達敵軍戰況的傳令兵的例子來做說明。傳令兵的任務就只是把實際的狀況呈報給指揮官而已，並不沒有任何引導敵軍獲勝的意圖。但是，當指揮官聽到是我軍的勝利時，看待傳達消息的傳令兵，就會認為好像是他引導了我軍獲得勝利般而對他懷抱著感謝的情感，或許還會給他獎勵。人們就像這樣會去重視好的結果，並給予行為人更多、更大程度的稱讚。

令人更感興趣的是，在沒有任何意圖下卻造成了不好的結果的情況。這也可謂是屬於一種「過失」。即使是過失，也有各種不同的程度。例如：從二樓丟東西，偶然的丟中了從窗下路過的路人，而害那個路人受傷。在這種情況下，行為人原本並不是意圖要去傷害路人的，但是卻會被追究要負起過失傷害罪。就算是過失，像那樣罔顧人命的輕率行為，由於很容易就能預想到會造成不好的結果，所以，依據受傷程度的不同，會被判處相當重的刑罰。但是，在過失中，也有不容易被預想到結果的行為。事實上，當我們在開車時，無論我們已經是多麼的小心駕駛，也無法拍胸脯保證絕對不會發生意外事故。即使是到目前為止未曾發生過任何意外，那或許很單純的就只是運氣好而已。要是運氣不好的話，我們就可能會捲入意外事件中，也說不定反而會變成了加害人，而被追究過失傷害罪。在那種情況下，駕駛人也只能感嘆為何只有自己那麼倒楣碰上了這種事吧！然而，社會輿論雖然會同情行為人的不幸遭遇，但對於行為人所造成的不好結果，並不會認為行為人是完全無罪的。

不規則性的社會意涵

諸如此類，人們對於雖然事前已有意圖但卻產生了不同結果的行為，會給予比基本原則更薄弱的稱讚或批評；而對於雖然事前沒有意圖卻因突發狀況而產生了好的或是不好的結果的行為，會給予比基本原則更強烈的稱讚或批評。亞當史密斯認為，人們以這樣的不規則性去對個人行為進行評價時，是具有社會性涵意存在的。即使有再大的善意，若是實際上得不到好的結果的話，也得不到人們的稱讚，那麼我們就會為了要產生好的結果而盡最大的努力。另外，在雖然事前沒有意圖卻造成了不好的結果的情況下，因為人們都會認為該行為是有罪的，所以我們就會小心謹慎不犯錯。

實際上，當一個社會對於無論是否產生了不好的結果，或是是否轉成實際行動，只要是意圖做出不好的行為，導致產生了不好的結果時，都給予相同嚴厲的批評或懲罰，那就會成為一個嚴苛的社會。在那樣的社會中，就會演變為每個人都會去探查彼此的內心，而去向警方告密的情況吧！每個人為了不讓別人知道自己心裡在想什麼，就必須要處心積慮的過生活。事實上，我們都透過異端的宗教審判或思想審閱，或者是言論限制等等的歷史，學習了解到那樣的社會，是一個距離幸福遙遠的社會。

像這樣，人們受了結果的影響而改變稱讚或批評的程度，會在促進社會利益，並減少因過失而造成的損害的同時，也保障了個人的思想自由。這樣一來，我們會被稱讚‧批評的不規則性，也就是所謂的「一隻看不見的手」所引導，在不知不覺當中，自然而然的就形成了一個生活便利的社會。

但是，當行為的當事人出於善意的行為卻得不到稱讚，或是沒有惡意的行為反而遭到了批評時，一定會感到很懊惱的。史密斯說過：「人們都只根據結果來判斷事情，這是在任何時代裡，造成人們不滿情緒的原因，也是該人感到灰心挫敗的原因」（《道德情操論》第二部第三編第三章）。史密斯認為，在這些情況下，我們心中的公平觀察者會告訴我們基於基本原則所做出的評價，並希望藉此來安慰我們。例如，我們原本出於善意的行為卻因突發狀況而導致不好的結果發生時，我們心中的公平觀察者會這樣告訴我們。「你已經盡了最大的努力了，只不過是你的運氣不好而已。雖然大家都不重視過程，只在乎結果，但是我知道你的動機完全是出於善意，而且也已經盡了最大的努力了。所以你應該為自己的行為感到自豪。」

另外，在毫無預期的狀況下反而導致不好的事情發生時，我們心中的公平觀察者便會這樣告訴我們。「大家都在責備你，就好像你是故意的一樣。但是我知道你並沒有任何的惡意，所以你不必因此對自己感到絕望。」

另一方面，在毫無預期的狀況下，如果發生了好的結果，雖然會得到大家的稱讚，但我們也知道，自己心中的公平觀者並不會像其他人那樣的給予我們稱讚。另外，雖然是早就圖謀不軌的行為，但若是沒被發現的話，就不會受到他人的譴責，不過，我們也了解，在自己心裡是不可能不會感到自責的。

行為當事人就像這樣，一方面要承受世人的稱讚與批評，另一方面還要接受自己心中的公平觀察者的稱讚與批評。當世人的評價和公平觀察者的評價出現落差，也就是發生了不規則性時，那我們自己會重視哪一邊的評價呢？

不規則性的因應——智者與弱者

亞當史密斯將世人的評價比喻為一審，把每個人心中的公平觀察者的評價比喻為二審[5]。對於自己的行為，我們首先會仰賴世人的評價。但是，如果我們對世人的評價感到不公平的時候，便會尋求自己心中的公平觀察者的評價之後，再謀求最終的判決。

那麼，我們一般都是以二審的判決結果為優先的嗎？一審所給予的是實質上的稱讚（獎勵）或批評（處罰）。相較之下，二審則是將我們的行為是值得受到稱讚（獎勵）或是應該受到批評（處罰）的評價傳達給我們。因此，是要以一審判決為優先還是要以二審判決為優先，就取決於我們所重視的是實質的稱讚或批評，還是是否值得受到稱讚或批評。亞當史密斯認為，行為人是智者（wise man）還是弱者（weak man），其所重視的判決也有所不同。

一般而言，智者所重視的是二審的判決，而弱者所重視的則是一審的判決。雖然認為自己的行為並不值得受到稱讚，但得到世人給予稱讚時，智者並不會因此而感到高興。如果是弱者，則會感到很高興。例如，自己認為是失敗的藝術作品，但卻得到了世人的大力稱讚，那位藝術家若是智者的話，可能會瞧不起世人的讚揚，並認為如果自己沒作出那樣的作品就好了。相反的，那位藝術家若是弱者的話，就會因為得到世人的認同而欣喜若狂。

雖然認為自己的行為是值得稱讚的，但卻因為意外而未能受到世人的稱讚，如果是智者並不會在意是否得到了稱讚。反之，如果是弱者的話，一定會感到很懊惱。以上面所舉的例子來說明。假設想幫朋友介紹工作卻失敗了，如果是智者的話，心裡只會對那位朋友感到很過意不去，而不會在意得不到世人的稱讚。相對的，如果是弱者的話，就會擔心世人對自己的評價會因而變差，還會被貼上「不可靠」的標籤。

雖然是應該受到責難的行為，但因為未被世人所發覺而免於受責難的情況下，還是會因為受到自己心中的公平觀察者的責備而感到痛苦。這就是所謂的「良心的譴責」。如果是智者的話，就會向世人坦承自己所犯的罪行。另一方面，如果是弱者的話，會因為自己的罪行沒有被世人發現而暗自竊喜，並希望永遠都不會被發現。但是，無論是如何假裝鎮靜，心中的公平觀察者仍然會代替世人或是受害人，一輩子都會給予行為人譴責。弱者便會一輩子都生活在擔憂自己過去的惡行惡狀可能隨時都會被發現的恐懼感中，同時也受盡了公平觀察者的譴責聲的折磨。亞當史密斯認為，出現在加害人床邊的受害人的亡靈，正是存在於加害人心中的公平觀察者所發出的譴責。[6]

像這樣，當一審與二審的判決結果不同時，智者與弱者的處置態度是完全相反的。不過，兩者之間有一點是相同的。那就是在不應該受到責難的行為，卻受到了世人的責難時。最典型的例子就是「受到冤屈」。在這種情況下，弱者當然會因為受到世人的責難而感到痛苦。那麼，智者就能夠因自己心中的公平觀察者告訴自己「你是無罪的」而保持平靜的情緒嗎？事實上不然。依據史密斯的說法，雖說是智者，也會因為毫無根據的指控而心神不安。即使可以不在意毫無根據的稱讚，但對於毫無根據的指控卻無法坐視不管。[7]比起無端地被冠上莫須有的罪名，更令智者感到忿忿不平的是，自己被世人看成是一個無可救藥的人。自己並沒有做出不好的行為，但世人眼裡，並不會認為智者絕對不會做出那種事，而是會認為「如果是那個人的話，也許有可能會做出那樣的事」。

在給予亞當史密斯影響甚深的斯多亞哲學當中，認為所謂的智者就是在任何的狀況中都能夠堅持著堅定的信念的人。斯多亞學派當中所假設的智者，是即使面對毫無根據的指控也不會感到痛苦，只是把它當成是運氣不好就算了的人。相較之下，亞當史密斯的想法是，通常在任何情況下，都會順著心中的公平觀察者的判斷保持情緒的冷靜，但是唯一當被冠上莫須有的罪名還得受到世人對其不公的評價時，便會感到很痛苦，這就是智者。因此，史密斯認為，即使是智者，也希望避免遭受到毫無根據的指控[8]。

對於像這樣順從心中的公平觀察者的判斷的人，史密斯稱之為智者，而會在意世人評價的的人就稱之為弱者。然而，事實上，所有的人都有程度上的差別，都同時擁有智者與弱者的特質。在某些時候的表現就像是一個智者，但在某些時候又變成了弱者。處理某些問題時，表現得沉穩高明，但在處理其它問題時又會慌了手腳。這就是一般人都會有的表現。因此，亞當史密斯所謂的「智者」與「弱者」，對一般人而言又可以解讀為「賢明」（或是堅強）以及「懦弱」。我們心中賢明的那一面，會因為有「自制」（self-command）能力，而依照公平觀察者所認同的一切來行動。相反的，我們心中懦弱的那一面，不僅會去在意世人的評價，也會因為「自欺」（self-deceit）而慫恿自己去忽視公平觀察者的認同與否定。關於因激動的情緒而導致了不好的行為時所發生的「自欺」，史密斯做了以下的敍述。

當我們想要有所行動時，激動的情緒是不允許我們像沒有利害關係的人那樣公正的思考過後再付諸行動的。〔中略〕當行動過後，由於激動的情緒已經沈澱下來了，我們也才能夠冷靜地去體會毫無利害關係者的感受。〔中略〕然而，就算在這種情形下，我們做出的判斷也不見得是公正公平的。〔中略〕一些認為自己不好的想法是會令人感到不快的，所以我們多半會在意那些可能對我們做出不利判斷的事情。〔中略〕對人們而言，「自欺」是一個很大的致命傷，人生中半數以上的亂源也是來自於「自欺」。（《道德情操論》第三部第四章）

由於人性中具有利害關係、善變、狂熱等特質，因此會無視公平觀察者的聲音，藉由「自欺」而將自己的欲望或意圖正當化。人，會期望順從公平觀察者的聲音，但卻又會忽視它。是種充滿了矛盾的動物。

4　如何制定正義的規則

一般性原則的設定

那麼，對於「自欺」這一個致命傷，存在我們心中賢明的那一面，會對其採取什麼對應措施呢？亞當史密斯的論點如下。

然而，自然法則對於這影響我們人生甚大的弱點，並非完全不予糾正且置之不理，也並非完全放任我們任由自己的利己心而產生種種錯覺。我們藉由持續地對他人的觀察，自然而然的在心裡就會形成什麼是該做什麼是該避免的一般性原則。（《道德情操論》第三部第四章）

所謂的一般性原則（general rules），是由下列的二種規則而來的。（1）心中的公平觀察者判斷出應該受到批評，那就必須避免掉所有的行為。（2）心中的公平觀察者判斷出應該受到稱讚，那就必須推進所有的行為。我們將這些設定為「規則」，並避免違反心中的公平觀察者所做出的判斷。第一個規則是禁止做出令行為接受人感到氣憤的行為；第二個規則是，獎勵會令行為接受人心懷感謝的行為。換句話說，第一個規則就是正義（justice），也就是表示我們不可以做出會危害到他人生命、財產和名譽的行為；第二個規則就是仁慈（beneficence），也就是表示我們應該要做出增進他人利益的行為。

亞當史密斯認為，一般性原則並不是我們與生俱來就擁有的，而是經由與他人的交往過程中，在自己所處的環境裡學習到的經驗所累積而成的。

人人都遵從一般性原則來行動的話，就會實現一個有秩序又適於生活的社會。然而，我們並不是因為冀望有這樣的社會而造就了這些一般性原則的。最初，是因為害怕受到實際觀察者以及心中的公平觀察者的批評，或是希望得到他們的稱讚，而形成了一般性原則。也可以說，一般性原則是在經由與他人的交往過程所產生的害怕被批評或希望被稱讚的情感而形成的。而且依據我們的經驗，也可以更加了解什麼是符合一般性原則的行為，什麼又是違反一般性原則的行為。

但是，一旦確定了一般性原則的具體內容之後，我們就會判斷某種行為是符合（或違反）一般性原則，又是否值得受到稱讚（或批評）。我們會從動機來判斷該行為是否正當，接著在想像接受該行為的接受人會產生什麼樣的自然情感之前，會先判斷該行為是否違反了一般性原則。例如，當我們看到了一件殺人事件，在確實了解加害人的動機及事件的原委之前，我們就會立即判斷加害人是「應該受到懲罰」的。那是因為我們根據一般性原則可以了解到「殺人就應該受到懲罰」。當然，我們在了解加害人的動機和被害人的遭遇之後，也有可能因此而改變原先的判斷結果。但是，最初的判斷，也是基於一般性原則所做出的最直接的判斷。

義務感

一般性原則並不只是被用來判斷他人的行為，也被用來思考自己應有的行為。必須考慮作為自己行為準則的一般性原則的感覺，亞當史密斯將其稱為「義務感」（sense of duty）。亞當史密斯認為，「是人生中最重要的一項原則，也是大多數人用以確立自我方向的唯一原則」（《道德情操論》第三部第五章）。在我們心中，義務感具有下列的功能。

我們現在所考慮的能力〔義務感〕所具有的特別功能，是能夠控制我們的本性當中的其他所有原則，並給予它們批評或喝采。那種能力，我們可以把它視為是一種將其他原則當成對象的感覺能力。〔中略〕用同樣的方式去決定在什麼時候應該讓耳朵獲得慰藉、在什麼時候應該得到視覺享受、在什麼時候應該讓味覺得到滿足、我們本性中的其他原則在什麼時候應該得到什麼程度的滿足或是控制，這就是我們的道德能力。（《道德情操論》第三部第五章）

在控制義務感的「本性中的其他所有原則」當中，包含了高興、生氣或悲傷等各種情緒、動物本能的欲望，以及以自己的利益為優先考量的利己心（self-interest）或自愛心（self-love）等。我們要讓情緒高漲到什麼程度好呢？還是解放我們本能的欲望好呢？或是以自我利益為優先好呢？這些都是經由考慮一般性原則之後再下判斷的。

特別重要的一點是，被義務感控制的東西當中，利己心和自愛心也包含在內。事實上，亞當史密斯很清楚的表示，「自然法則〔中略〕並非完全放任我們任由自己的利己心而產生種種錯覺。」（《道德情操論》第三部第四章）。史密斯認為，利己心或自愛心必須要受到正義感的控制，而且是平時就應該要被控制的。事先對這件事能有所理解，那麼對於史密斯在《國富論》一書中所提到的，「承認人們從事自由經濟活動的出發點是利己心」這件事的涵意能有正確的領悟是很重要的。史密斯並不認為應該要放任毫無節制的利己心。

那麼，我們基於義務感來控制自我的情感、欲望和利己心的話，又能得到什麼呢？以下是亞當密斯對這個問題的回答。

若是存在我們心中的諸神的代理人（心中的公平觀察者），冒犯了這些（一般性原則）的話，會因為羞恥心或自責而受到折磨，並認為應該要受到懲罰；相反的，若是順從的話，心裡就會覺得平靜、滿足，因為感到自我充足而認為應該給予獎勵。（《道德情操論》第三部第五章）

如果我們做出違反一般性原則的行為時，就算不被世人所批評，也會受到心中的公平觀察者的責備。這個時候，我們的內心就無法保持平靜了。反之，如果我們的行為是符合一般性原則的話，心中的公平觀察者就會給予我們稱讚，最起碼不會受到責備。這個時候，我們就能保持內心的平靜了。最後我們便可以知道道，順從義務感的結果，我們所得到的是「心靈的平靜」。

正義與仁慈

一般性原則通常指的是要實行正義與仁慈的行為。亞當史密斯認為，比起仁慈，我們對正義擁有更強烈的義務感。換句話說，比起仁慈，在正義這方面，我們會更加嚴謹的遵守一般性原則。亞當史密斯認為之所以會有這種差異，是因為我們本能上對於誘發出慈悲與正義的各種情感，具有個人喜好所致[9]。

誘發出仁慈的行為的情感有寬容、愛情、親切、同情、友情等等情感。因為我們認為這些情感都是令人感到愉快的，所以都會喜歡它們。而且也希望可以發現這些情感。因此，仁慈的行為不只是因為行為人的義務感所產生的，而是應該由誘發出仁慈的行為的情感所直接產生出來的。

每當我們看到捨己救人的行為時，都會為之感慨。但是，我們感慨的是，那樣的行為與一般性原則中所指的要做出增進他人利益的行為是有差別的。社會上的一般性原則應該不會嚴格到要求我們必須犧牲自己的生命吧。我們所感慨的，不是那樣的行為超過了一般性原則的考慮，而是大家都認為那是種具有崇高情操的行為。

即使不是在這種特別的情況下，像是生日禮物、結婚賀禮、旅行者送的名產、某個禮物等等，這些在日常生活中的一般行為，並不是基於義務感，而是因為純粹的愛情或友情，或是因為感謝而產生的行為。當知道了自己所見的仁慈的行為只不過是因為基於義務感或是社會習慣而產生的行為時，我們不但會感到失望，也會減低對該行為的評價。像這樣，不管是出於他人還是出於自己，我們對於仁慈的行為，都不認為應該要過於嚴謹的去遵守一般性原則。我們反而是希望誘發出仁慈的行為的各種愉快情感可以超越一般性的原則，而能自由發揮其特性。

關於正義的情況又不一樣了。因為當我們認為某一種行為是應該受到懲罰時，會經由間接的同感去感受行為接受人的氣憤。所謂的正義，就是節制會令行為接受人產生憤怒情感的行為的同時，當行為人做出了不好的行為時，要對行為人做出什麼懲罰才能使行為接受人的憤怒情緒平定下來。因此，存在於正義背後的情感就是憤怒。

然而，對人們而言，憤怒與厭惡或憎恨都同樣是屬於令人感到不愉快的情感。我們都不樂見有任何人去引發出這些情感，另外，在自己心中也希望避免顯露出這些情感。因此，當我們看到了某些不好的行為時，就會讓自己心中自然湧起的憤怒感配合心中公平觀察者所壓抑的憤怒感。就算是從對被害人的同情，或是自己的特殊經驗，而激起了對加害人的憤怒感，我們也會認為不應該任由憤怒的情緒來決定對加害人的懲罰，而是應該要經由冷靜且公平的判斷來決定懲罰方式。

就像這樣，我們不認為仁慈應該要嚴謹的遵守一般性原則，但卻認為正義就必須應該要嚴謹的遵守一般性原則。所以，我們不會對仁慈制定正確的社會性原則，但卻會對正義制定出正確的社會性原則。例如，以「要送給朋友多大的生日禮物比較好」為例。是三千元、五千元，還是一萬元。對於諸如此類的問題，我們不會去設定嚴格的社會性原則。因為我們認為禮物金額的多寡只要依照各人情況不同來做判斷就可以了。不只是友情，即使是基於寬容、愛情、親切、同情等等情感而產生的行為，對於做到什麼程度才是最適當的，我們也不會過於苛求。當然，在婚禮或葬禮、在中元節或歲末年終等等，關於一些必須注重禮節的行為，通常會遵守一般的社會規則社會習慣。但是，那些規則或習慣是曖昧不明的，而且，那些規則或習慣說穿了只適用在禮儀性的行為上，並不適用於仁慈。

另一方面，我們會對正義制定出嚴格的社會性原則。通常在一個社會裡，對於侵害到他人的生命、身體、財產、名譽等的行為，會依照嚴密而普遍的規則，也就是「法律」來進行懲處。雖然罰則的輕重依時代或國家的不同而有所差異，但幾乎在所有的社會當中，對於殺人、傷害、竊盜、名譽毀損等不法行為的懲罰，都是依法行事。而且，在社會發展的同時，法律制度也更加完備。如此一來，仁慈與正義當中，就只有正義是隨著嚴密且具強制力的法律而被制度化了。對此，亞當史密斯的看法如下：

自然法則會以得到獎勵的那種喜悅感來勸勉人們多多行善。但是，卻沒有考慮到要提醒人們若是疏忽了行善就會受到懲罰，所以必須強制人們多多行善。仁慈是增添「社會」這一座建築物光采的裝飾品，而不是支撐整座建築的基礎。因此，只要勸勉人們多多行善就夠了，但不需要強迫人們去實踐仁慈。相反的，正義則是支撐起整座建築物的大支柱。若是少了這個支柱的話，那麼人類社會這一個龐大的組織便會在一瞬間就分崩離析了。（《道德情操論》第三部第二編第三章）

亞當史密斯認為支撐整個社會的基礎不是仁慈而是正義。雖然一個仁慈的社會是一個令人感到舒適的社會，但是，維持社會秩序而且讓一個社會能永遠延續下去所不可或缺的並不是仁慈而是正義。整個社會中的成員，即使目的不是為了增進他人利益，只要確實遵守不傷害他人的生命、身體、財產、名譽等的原則，那麼社會就會延續下去。相反的，假設只有少數人擁有仁慈，而其他大多數的人卻對正義毫不乎的話，那麼整個社會就會崩潰瓦解。所以，雖說勸人多多行善就已經十分足夠了，但還是應該要強制人們一定要遵守正義。

我們並不是因為覺得正義對社會秩序是不可或缺的才會制定法律。因為我們本能的會對誘發出正義的憤怒感覺得很厭惡，所以只好藉由法律來壓制那種憤怒感。而且，我們會遵守法律，就是因為不希望自己變成被譴責的對象。然而，我們基於這個動機制定了法律，藉由遵守法律，我們便能營造出安全又和平的生活。

5　亞當史密斯對社會秩序的見解

完全的社會秩序是有可能的嗎？

亞當史密斯對於「引導社會秩序的人性是什麼」這個問題的說明可以整理如下。史密斯從假設人類對他人的情感與行為抱持關心，而且也擁有同感的能力這一方面來做說明。透過同感，在每個人心中就會形成一個公平觀察者，而為了要讓自己的情感或行為得到公平觀察者的稱讚，或是至少不被批評而努力。但是，人們都會有試圖對公平觀察者的發聲充耳不聞的弱點。人們會將順從心中的公平觀察者的判斷設定為一般性原則，並顧慮那種感覺，也就是培養出義務感。特別是為了壓制誘發出正義的憤怒感而制定出法律。社會秩序就是透過法律和義務感而實現的。

對於亞當史密斯的說明，應該要注意以下三點。

第一、史密斯並不認為社會秩序是因為人類的意圖所形成的，而是由「自然的特別又充滿愛的關懷」所形成的。在這裡的「自然」可以解釋為是促進人類的種族繁衍與繁榮的「自然法則」。根據亞當史密斯的說法，社會秩序是藉由「自然」所謀求的東西，而人們只是被「自然」的「一隻看不見的手」所引導而產生行動的。

第二、亞當史密斯認為，引導出社會秩序的是人們心中各種情感的交互作用結果。正義是由於對於被害人的憤怒感我們也能感同身受。另外，我們會將正義以法律的形式表現出來，是因為我們本能上對於憤怒這種情感是感到厭惡的關係。再者，我們會遵守正義的法律是因為害怕受到他人或是公平觀察者的批評。憤怒、厭惡和害怕，這些全部都是人類的情感。

第三、亞當史密斯認為，人類有脫離一般性原則的可能性。在人們心中，會有想要順從心中公平觀察者的「賢明」的一面，同時也會產生想要漠視公平觀察者的「懦弱」的那一面。因此，即使制定了法律，但也有人還是知法犯法。或者是，擁有權力的人也可能制定連公平觀察者都不認同的法律。就像我們無法成為一個完美的人一樣，要成就一個完全秩序的社會也是不可能的。

人類雖然不是有意圖性的去追求社會秩序，但社會秩序卻是由人類的各種情感的交互作用所形成的。但是，因為人們心中有「懦弱」的一面，雖然「自然」企圖要謀求一個完全秩序的社會，不過，到目前為止還沒有實現過。史密斯認為社會秩序可以這種模式來理解它。

註釋

1 這段文章補充於《道德情操論》第二版的第三部第二章當中，但在第六版中已刪除。

2 當他人的行為與心中的公平觀察者的行為完全不一致時，我們並不會因此而不認同，而是有某種程度接近心中觀察者的行為時就會認同。認同所需的「接近的程度」，端賴於使行為符合公平觀察者的行為之困難度，及激發出行為的情感種類。例如，一個失去親人的人所表現出來的悲傷，就算是超過了一般程度，我們還是會表示認同。那是因為我們了解要抑制悲傷是很困難的事。相反的，一個找到工作的人若是表現得太過興奮的話，我們就會希望那個人能夠克制一下興奮的情緒。因為我們知道克制興奮的情緒比控制悲傷的情緒要來得容易多了。關於史密斯採用的認同標準，請參照《道德情操論》第一部第一編第五章。

3 《道德情操論》第二部第一編第五章。

4 史密斯對無法給予個人特別的感謝或稱讚的事例，舉了給予某個人恩惠的集團成員、沒有交戰機會的將軍等例。請參照《道德情操論》第二部第三編第二章。

5 《道德情操論》第三部第二章。史密斯認為二審的法官（心中的公平觀察者）有時候也會受到一審法官的影響而做出不公正的判決。這個時候，身處於失意與苦難環境中的人，就會祈求三審，也就是神明的裁判，讓自己在來世裡得到救贖。史密斯從這樣的情況中看到了宗教的源起，是由於人們對世人與公平觀察者的判決結果感到不滿。

6 人們會預設死者出現在凶手床邊的恐怖景象，以及因迷信而想像會從墳墓中跑出來、要求對那些提早結束他們的生命的人進行報復的鬼魂，這些都來自這種想像死者的忿恨所自然產生的同感。《道德情操論》第二部第一編第二章。

7 《道德情操論》第三部第三章。

8 到《道德情操論》第五版為止，「關於斯多亞哲學」這獨立的一章都被放在第一部第四編第三章當中。亞當史密斯在該章中提到了「根據斯多亞哲學，對智者而言，各式各樣的生活狀態全都是相同的」。對於斯多亞哲學，則提及「關於大半的習慣，都告訴我們以完成超越人性頂點為目標的榮譽，只要排除了某種反對，那就再也不會有任何的反對了」。但是，在第六版中補充的一個章節（第三部第三章）中，對於禁止對親近的人產生過度的愛情這一點，史密斯提出了以下的批判。「在那種場合裡，斯多亞式的無感動，決不是舒適的，支持它的形上學的詭辯（中略）無論對任何目的幾乎都毫無作用」。與斯多亞學派所認為的智者不同的是，史密斯認為智者是在避免對自己毫無根據的指控的同時，也對他人的事多點感受。

9 《道德情操論》第三部第六章。

第二章　人性引導社會繁榮

1　野心與競爭的起源

《道德情操論》不只是探討「引導社會秩序的人性是什麼」，對於引導社會繁榮，即增加財富與人口的人性為何也進行討論。亞當史密斯認為社會繁榮和社會秩序一樣，都是由「同感」所引導出來的。

對於悲傷與歡喜的同感的差異

亞當史密斯認為，比起悲傷，人們更傾向於去感受他人的歡喜情緒。因為去感受別人的喜悅情緒，自己也會感到快樂；如果去感受別人的悲傷情緒，自己就會變得很難過。我們有時候看到了別人因為碰到了好事而開心時，或許會因為嫉妒而無法去感受別人的喜悅。但是，由於心中的公平觀察者認為嫉妒是種醜陋的情感而否定它，所以我們就會試圖壓抑自己的嫉妒心。如果可以克服嫉妒心，或是從一開始就不要有嫉妒心的話，那我們就會進一步的去感受他人的喜悅感。而且我們所感受到的喜悅程度也會與對方的喜悅程度相當地接近。另一方面，看到別人的悲傷，我們就會認為自己也必須要去體會他的悲傷。但是也會有所猶豫，就算去感受對方的悲傷情緒，也不至於會像對方那樣的悲傷。

關於這一點，如果把去參加某個人婚禮的心情與去參加某個人葬禮的心情的差異相互做比較的話，就會了解了。一般而言，我們會想要去參加婚禮而不會想要去參加葬禮。當然，如果是我們自己的親人或是幫助我們的人的葬禮，那就另當別論了。但是，即使是那樣，和去參加親人或幫助我們的人的婚禮相比，我們還是會覺得心情沉重。光是想像在婚禮上會見到充滿祝福或歡樂的場面，自己也會感到很高興。若是想像在葬禮那種悼念或悲傷的氣氛，自己也會感到很悲傷。感受別人的喜悅情緒自己就會覺得快樂，感受別人的悲傷情緒自己就會覺得痛苦。因此，我們更喜歡和別人一起感受喜悅的情緒。

對財富與地位的野心

人都喜歡財富，厭惡貧窮。因為財富會為生活帶來便利，而貧窮會造成生活的不便。由此可知，財富會令人高興，貧窮會令人悲哀。不只是財富，崇高的社會地位也會令人高興，卑微的社會地位會令人悲哀。當自己成為有錢人或是擁有崇高的社會地位時，就會想像別人也和我們一樣感到快樂，或是會讚揚我們的財富和地位。反之，如果自己是窮人或是沒有什麼社會地位的話，那我們就會想像別人無法感受我們的悲哀，也會認為別人都在躲避我們、不在乎我們或是輕視我們。別人的同感或稱讚，就像擁有財富與地位那種愉快感一樣，都會令我們感到高興。無法得到別人的認同或是被忽視，就像貧窮與卑微的地位一樣，都會令我們感到不便而痛苦。亞當史密斯對於像這樣，不只是為了追求便利或愉快，我們會為了得到他人的同感，而去追求財富與崇高的地位這一點，做了以下的敍述。

我們會誇耀財富，隱藏貧窮，那是因為人們會和我們一同感受的是快樂的情緒而不是悲傷的情緒。〔中略〕這個世界上所有的辛勞與忙碌所為何而來？所有的貪婪與野心、追求財富、權力以及優越地位的目的又是什麼呢？是為了要滿足生活上的需求嗎？就算是最底層的基層勞工的薪資也足夠應付生活需求了。我們可以看到，那份薪水就已經為他們全家人提供了食物、衣服以及舒適的房屋等基本生活需求。〔中略〕那麼，在任何一個身份階級都會存著競爭的原因又是源自何處呢？我們將改善自我條件視為是人生最大目標，而我們又冀望透過這個目標得到什麼好處呢？透過這個目標，我們所期望得到的是他人能以同感、善意和贊同的態度來對待我們。但我們所注視的

並不是安逸或快樂，而是虛榮。（《道德情操論》第一部第三編第二章）

如果我們只有一個人獨自在無人島生活的話，那就不會想要穿華服、住豪宅，或是吃美味大餐。我們會認為只要有衣蔽身就好、有個可以遮風避雨的家就好、能夠維持身體健康的飲食就好，還有不必工作只要輕鬆的過生活就好了。如果不必去在意他人的眼光，那麼華服、豪宅或是大餐對我們而言都是毫無意義的。

然而，為了要在團體裡生存，我們就必須要擁有一般生活水準以上的財富，並且去追求社會地位。我們之所以會對財富與地位擁有「野心」（ambition），並不只是因為財富和地位給我們便利與逸樂，而是因為如果我們擁有了財富與地位，就能夠得到別人的同感、稱讚、尊敬或讚嘆。亞當史密斯將這種野心的動機稱為「虛榮心」（vanity）。所謂的虛榮心，也就是指我們會去追求比自己的真實價值，亦即心中公平觀察者給自己的評價還要更高的評價[1]。我們在成為一個擁有一定財富與地位的人之前，我們更希望的是可以得到財富與地位。也可以說，比起得到財富與地位，我們更想得到世人所給予讚揚。因為我們有虛榮心，所以就會產生想要得到更多的財富與更高的地位的野心。

由於每個人都在追求有限的財富與地位，於是人與人之間就產生了競爭。生活在團體之中的人為了生存而有虛榮心以及野心，進而彼此間就會產生競爭。如果是一個人離群索居的話，那就不會有這個問題了。和社會秩序的基礎一樣，野心與競爭的起源，就是在意他人眼光的人性。

2 何謂幸福

我們在競爭中獲得勝利而得到了莫大的財富與地位的話，就能夠變得幸福嗎？若是輸了而得不到財富與地位的話，就會變得不幸嗎？如果真是那樣的話，那麼在這個競爭社會底下，大概有一半的人都要渡過不幸的一生了吧。亞當史密斯認為對人類而言，什麼才是真正幸福呢？他以一個對財富與地位懷抱著野心過生活的「窮人家的小孩」的故事來傳達他的幸福觀。

窮人家的小孩的故事

當一個窮人家的小孩，開始環顧起生活周遭，便會對有錢人家的生活心生羨慕。他覺得他父親的那間小房子太狹窄了，於是幻想著住在豪宅並過著輕鬆自在的生活。他對自己不得不徒步行走，或是不得不忍受乘坐在馬背上的顛跛之苦，而心生不悅。於是當他看到了身份地位比自己高的人乘坐在馬車上時，就會想像自己如果也能夠坐著馬車去旅行的話會有多麼的方便。他自知自己生性懶惰，所以可以不必自己動手的事就不會去做。而且，還認為如果有很多僕人的話，那就可以省去自己動手的麻煩。他覺得如果獲得了這一切，就可以心滿意足的坐下來，並能夠陶醉在幸福與寧靜之中。他被這種幸福的遐想給迷住了。在他的幻想之中，那些幸福似乎都是屬於高階層的人所有的，於是為了想要擠身進入這個階層裡，便汲汲營營的去追求財富與地位。

他為了得到財富與地位所帶來的各種生活上的便利，在下定決心要努力去得到的第一年，不，甚至是在第一個月，他甘心忍受的身心疲累，更甚於他尚未得到那些財富與地位時所受的痛苦。他為求在任何一個需要勞心勞力的職場上得以脫穎而出因而煞費苦心。他為了擁有比其他競爭對手更優秀的才能，於是日以繼夜、勤奮不懈的努力工作。

接著，他更加努力地讓所有人都看到自己的才能，以同樣的熱忱去尋求每一個可以發揮其長才的工作機會。為了達到這個目的，他就對所有的人奉承阿諛。他效勞於自己所痛恨的人，而對自己瞧不起的人獻殷勤。他畢生都在追求也許永遠都無法達到的某種不自然的、講究寧靜生活的理想，為此，他也犧牲了隨手可得的真正的寧靜。

然而，就算他在垂暮之年終於達到了他的理想，在這時，他也才真正的了解，自己終其一生所追求的理想，原來一點也比不上自己所放棄的那些他自認為微不足道的安全感與滿足感。於是，在他的生命即將走向終點之時，他的身體也已受到了辛勞與病痛所折磨，他的心靈也因無數次地回想著敵人的不義行為，或是朋友的背信忘義而感到痛心與氣憤。這時，他才終於領悟，原來財富與地位只不過是毫無效用的小玩意兒，它們比不上玩具愛好者的百寶箱，無法取得身體的舒適與心靈的平靜；而且，財富與地位就和百寶箱一樣，對於帶著它們行動的人而言，它們所帶來的麻煩遠比

便利要多得多了。（《道德情操論》第四部第一章）

在這個故事裡登場的「窮人家的小孩」，因為羨慕比自己身份地位更高的人的優渥生活，所以終其一生都在追求財富與地位。他並不只是勤奮工作而已，連自己憎恨或輕視的人也要極盡逢迎諂媚之事。因此，他在自己能力所及的範圍之內，反而犧牲了最真實的平靜。但是，就在真正得到了那些財富與地位之後，他終於明白那些是無法給予自己心靈滿足的。故事中的主人翁，並沒有得到他人稱讚而感到滿足的樣子。不僅如此，他還因為他人的不義行為、背信、忘恩負義和傷害，而感到失望、苦惱和氣憤。他的處境可以說完全稱不上是幸福。這個故事想傳達的是，想藉由財富與地位，就希望能過著比自己的貧窮父親還更幸福的生活的兒子，這個夢想只不過是個幻想罷了。這個故事的後續，亞當史密斯談到了，當我們在健康有活力的時候，會被財富與地位所迷惑，並想像得到它們是自己付出了相同程度的辛勞與心力，因而會感到自我滿足。然而，史密斯絕對沒有說到財富與地位會給一個人永遠不變的幸福。

在其他地方，亞當史密斯以一個失去政治舞台的政治家，一直不放棄重返政壇的夢想，而鬱鬱寡歡地渡過餘生的故事為例。他表示，一個習慣了自己所處的地位的人，或是習慣了去追求地位的人，再也沒有任何事情是可以令他感到快樂的。對此，他敘述如下。

你真的下定決心，絕對不把自己的自由拿去與生活在宮廷裡的奴隸做交換，而要過著自由無懼並獨立自主的生活嗎？要堅持這個可貴的決定，似乎只有一方法，而且也許只有這麼一個辦法。那就是絕對不要進到極少數人可以退出的地方，也就是說，絕對不要進有一個具有野心的權力集團裡。（《道德情操論》第一部第三編第二章）

亞當史密斯如此警告我們，不要涉足具有政治性野心的領域。與窮人家的小孩的故事一起思考的話，史密斯認為真正的幸福並不是得到財富與地位，一股腦的追逐財富與地位，反而會使人生變得不幸。

幸福與平靜

那麼，什麼才是真正的幸福呢？以下是亞當史密斯對幸福所下的定義。

幸福是存在於平靜〔tranquility〕和享受〔enjoyment〕之中的。沒有平靜就無法安心享受，在一個完全平靜的地方，無論是任何的事物，在任何時候，都能夠安心享受。（《道德情操論》第三部第三章）

亞當史密斯認為所謂的幸福就是心靈的平靜。窮人家的小孩為了得到財富與地位，把在自己能力所及的範圍之內所有的真實的平靜給犧牲掉了。另外，一直在夢想著隨時準備重返政治舞台的政治家也犧牲了心靈的平靜而生活著。不管是哪個人，都因為不了解維持心靈平靜的重要性，而過度去追求財富與地位。那麼，史密斯對於維持心靈平靜的重要性又有何看法呢？

對於一個身體健康、沒有負債又問心無愧的人來說，還有什麼是能夠增進他的幸福的呢？對他而言，再增加更多的財富也是多餘的。如果，他因為這多餘的財富而感到得自滿，那就表示他必定是個個性輕浮的人。（《道德情操論》第一部第三編第一章）

亞當史密斯認為，要獲得心靈的平靜，就必須要有「身體健康、沒有負債且問心無愧」的條件。而且，在這樣的狀態之中，再增加更多的財富都是多餘的。那麼，難道亞當史密斯認為即使沒有財產或收入也是沒關係的嗎？其實並非如此。看了這段文章，我們可以了解，在維持身體健康、不要有負債、不要做出違背良心的事（即犯罪）的合理範圍內，一定的收入是必要的。也就是說，在一個社會裡生存，一定要有最低的基本收入，這就稱為「最低水準的財富」。亞當史密斯認為，一個人連最低水準的財富也得不到時，就會陷入愁雲慘霧之中。

在這樣的狀態下（身體健康、沒有負債、問心無愧的狀態），雖然能再增添的幸福並不多，但能從中得到的幸福卻不少。雖然這個狀態與人類最高的幸福之間的距離是微不足道的，但與人類最悲慘的谷底深淵間的距離卻是無法計算的。（《道德情操論》第一部第三編第一章）

為什麼說沒有最低水準的財富，即身在貧困的狀態裡，就會變得悲慘呢？當然，生活上一定會有許多不便之處。然而，並不只如此。對於連最低基本收入都沒有的人所受的悲傷與痛苦，我們並不會想要去感受它。我們輕視貧困的人，甚至忽視他們的存在，這會令已身陷貧困狀態的人感到更加的痛苦。

貧窮的人，〔中略〕會對自身的貧窮感到羞恥。他認為，世人會因為他的貧困而忽視他的存在；或者是，即使世人注意到他，也會對他所受的悲慘與困苦沒有絲毫的同情。對他而言，這兩種狀況〔指貧窮與被忽視〕都同樣會讓他覺得受到了羞辱。雖然被人忽視和得不到他人的認同是完全不同的兩碼子事，不過，因自己的卑微猶如太陽得不到他人的認同與稱讚那般，貧窮的人感受到別人的漠視，必然會抑制人性中最令人愉悅的那份期待，連最強烈的欲望也會因為得不到他人的關心而消失殆盡。（《道德情操論》第一部第三編第二章）

圖 2-1　財富與幸福的關係

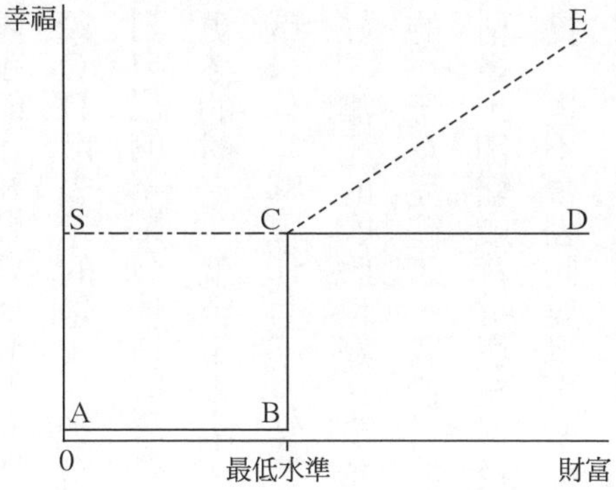

自己被世人忽略或輕視，都會令人感到灰心喪志，也會擾亂心靈的平靜。因為我們不是完全毫無知覺的人，與這個社會的關係也不可能完全切割，因此，自尊心受傷了的仍然必須在這個社會裡生存下去。對一個人而言，還有什麼是比這更痛苦悲慘的狀態呢？為了獲得心靈平靜，我們就必須有基本的最低收入，過著維持身體健康、沒有負債、問心無愧的生活。但是，再增加更多的財富也不會增進更大的幸福。以上就是亞當史密斯對於幸福的論點。

財富與幸福的關係

圖 2-1 所表示的是亞當史密斯針對財富與幸福的關係所提出的論點。圖的橫軸代表財富的量，縱軸代表幸福的程度。曲線ＡＢＣＤ代表的是在前一章

裡談過的「智者」所想像的財富與幸福的關係。另外，「弱者」所想像的財富與幸福的關係則以曲線ABCE來表示。C點所表示的就是最低水準的財富，即在一個社會裡，可以維持「身體健康、沒有負債且問心無愧」的生活狀態的財富水準。若是下降至最低水準的財富時，就是貧困的生活狀態。這裡所表示的，在社會底層的基層勞工連基本的收入都得不到時，就會成為失業者或流浪者。

水平線段CD所表示的是，「智者」想像自己只要擁有最低水準的財富就好了，再增加更多的財富也不會對自己的幸福有任何的影響。而另一方面，「弱者」則認為在擁有最低水準的財富之後，若能再得到更多的財富，就會更幸福。因為得到了財富，在增進生活舒適同時，也會得到他人的稱讚。因此，線段CE就會往右上方延伸。然而，如同「窮人家的小孩」這個故事給我們的啟示一樣，美味大餐也好、漂亮的衣服也好、豪華的房子也好，一旦全部都得到了之後，才會發現它們只不過是毫無效用的小玩意兒罷了，我們可能還會因為要花時間精力去管理而感到心煩。還有，我們原本應該得到的稱讚，卻變成背信與忘恩負義時，我們也許就會感到很苦惱。像這樣，即使得到了巨大的財富，事實上也不會因此變得更幸福。事後的財富與幸福的關係，就如同智者所想像的那樣，變成了水平線段CD。而線段CD和線段CE之間的差距就是弱者的「幻想」。

「智者」認為若是增加了超過最低水準的財富，對幸福並不會產生影響。但是，即使是「智者」也會擔心，如果得到比最低水準還少的財富的話，那就會變得不幸而且也會身陷愁雲慘霧之中。曲線的曲折部分ＡＢＣ所表示的是，在Ｃ點的狀態，與在比它更貧困的狀態，兩者間的差異是無限大的。如果是斯多亞哲學裡所定義的智者的話，他所認為的財富與幸福的關係則會變成直線ＳＣＤ。因為對斯多亞哲學裡的智者而言，所有的狀況都是一律平等的，而智者在任何時候，都會堅持著堅定不移的精神。[2]另外，在上一章所提及的，亞當史密斯認為智者就算能夠不去在意世人的稱讚，但卻會因世人的批評而心生動搖。世人即使不會對身陷貧困的人做出毫不掩飾的批評，但也會輕視或忽略那個人。和「弱者」一樣，「智者」也會因為世人對自己的貧窮產生輕視與忽略而感到痛苦的。

但是，一個人是否能逃脫貧窮，並不只是依賴勤奮或節儉等個人的努力就可以了，而是受到了偶然的突發事件所影響。而在這些突發事件當中，包含了自己所屬的社會的經濟，是整體向上發展？還是停滯不前？或是正在衰退？等等的情況。如果是在經濟發展的社會中，就業機會增加，那麼大多數的人都能夠得到最低水準之上的財富。而且，財富的最低水準本身也會有向上發展的傾向。相反的，如果是在經濟衰退的社會裡，失業人口增加，那麼得不到低水準的財富的人數也會增加。經濟的發展的重要涵意即是身處貧困狀態裡的人，也就是身處線段ＡＢ的人數就會減少。

3 野心與經濟發展

「弱者」的作用

經濟是透過什麼樣的結構組合而發展的呢？關於這個問題，在《國富論》裡有詳細的討論，但在《道德情操論》裡也有稍微談論到一些。事實上，促使經濟發展的是「弱者」，或者說是在我們內心裡的「懦弱」。「弱者」雖然擁有了最低水準的財富，但仍然會想要得到更多的財富，過著更幸福的生活。而那樣的野心，只是幻想而已，一個人的幸福，並不會因為財富的多寡而有所改變。所以說，「弱者」是被幻想欺騙了。不過，亞當史密斯卻認為那樣的「欺騙」正是促使經濟發展以及社會文明化的原動力。

我們受到了欺騙是件好事。因為激發出人們的勤勞並讓它持續下去的動力就是「欺騙」。最初鼓勵人們耕作土地、建蓋房屋、建設城市和國家，並且發明了各種專門知識與技能而豐富了人們的生活。正因為有這個「欺騙」，使整個地球表面改觀，使原始的森林變成了肥沃的原野，使毫無人跡且沒有用處的海洋，變成了人類賴以維生的新資源，而且更成為世界各國用以聯絡的共通管道。由於人們的勞動，所有的土地便不得不加倍提高其自然生產力，以維持為數更多的居民的生存。（《道德情操論》第四部第一章）

根據亞當史密斯的說法，文明的進步，人們在物質生活方面變得更豐裕，是因為人們對財富抱有野心。獨自一個人生活的話，就不會有野心。換句話說，因為人們的虛榮心，所以就會勤奮工作、磨練技能和量入為出。結果，就會開墾荒地、開發海洋、建設城市。由於對大自然的開發，就會生產更多的生活必需品，也能讓更多的人生存下去。如此一來，就會促使經濟的發展，而形成一個文明社會。每一個人會有所行動，並不是基於要對文明社會的發展貢獻一己之力才去做的，只不過是為了替自己追求財富與地位而已。然而，卻也在不知不覺中，促進了社會的繁榮。

生活必需品的分配結構

隨著經濟發展與社會的文明化，便生產出更多的生活必需品。但是，那些必需品真的是為了維持更多人的生存而分配的嗎？在文明社會中，已經擁有了巨大財富的人還一個人獨占了所有的生活必需品，那麼其他的人還能夠生存得下去嗎？在明智未開的狀態下，因為生活貧困還會互相平分生活必需品使用並保持和平的狀態，而現在不就因為文明化而被破壞了嗎？

對於這些疑問，亞當史密斯表示，即使在文明社會裡，所有的成員彼此間會平均分配所有的生活必需品。關於沒有土地的人，從一個擁有廣大土地的地主那裡得到自己應得的那一份生活必需品的例子，亞當史密斯敘述如下。

一個高傲冷漠的地主，環視著那一大片廣濶的田地時，從未想過他的同胞們的需要。就只會想著要獨自享用從那片土地得到的所有收成，但那也是沒有用的。〔中略〕他肚子的容量與巨大的欲望是不成比例的。他再怎麼會吃，肚子裡所能容納的也不會比最貧窮的農民所能容納的量多出多少的。結果，那位大地主便不得不把剩下的食物分配給用最精緻的烹調方式，替他調理出他所能享用的那一點食物的人，或是分配給替他建造和整理他的豪宅，好讓他可以在那裡享用那一點食物的人，或是分配給為他管理那各種毫無效用的小玩意的人。所有的人，就因為大地主的奢侈與任性，才得到了一份生活必需品。如果他們期待大地主的仁慈與公平對待，是不可能得到生活必需品的。

無論在任何時候，土地上的產出物都能提供給它所能供應的居民人數。有錢人只不過是從那眾多的產出物裡挑選出最喜愛最貴重的東西而已。有錢人所能消費的量，並不會比窮人家多出多少。儘管有錢人生性自私又貪婪，但他們終究還是要和窮人一起分享他們經營改良的所有成果。〔中略〕就像土地會將產出物平均分配給所有居民的那種分配方式一樣，所有的人被一隻看不見的手所引導，在毫無何意圖的情形下進行生活必需品的分配。如此一來，在不知不覺當中，便增進了社會利益，也提供了人類繁衍的資源。（《道德情操論》第四部第一章）

在這段文章裡，也是《道德情操論》一書當中唯一有使用到「一隻看不見的手」（invisible

hand）這個詞的地方。以下針對亞當史密斯的論點稍做說明。以一個大地主，從所有的土地當中得到生活必需品——例如小麥為例。田地裡所收成的小麥幾乎是屬於地主所有的。因為地主和他的家人在一定期間內所能消費的小麥量是有限的，剩下的小麥便是多餘的。如果地主把剩餘的小麥都收藏到倉庫裡的話，那麼其他的人就得不到了。然而，地主有想要過著符合他身份地位的生活，或是想要過著舒適悠閒且令人羨慕的生活的虛榮心。因此，地主就會利用多餘的小麥去雇用很多僕佣，同時去購買奢侈品、漂亮的衣服、吃豪華大餐等等。結果，地主就將小麥當做支付給為他服務的僕佣的酬勞，也用來購買各種奢侈品。小麥的產量如果足夠維持所有居民生活的話，那麼就能確保每一個人都能得到足以維生的最低限的小麥量。如此，即使是沒有土地的人能夠得到最低水準的生活必需品。

以分配奢侈品與生活必需品的全部財富的觀點來看的話，只有地主可以購買奢侈品，其他的人卻不能是很不公平的。但是，若以分配生活必需品的觀點來看的話，地主與其他人之間就沒有差別了。這樣分配的動作，若是地主和居民之間平均劃分、擁有的話，早就被執行了。如果和亞當史密斯的幸福理論一起來思考，人們只要有最低水準的財富的話，就能過著幸福的生活。因為再得到更多的財富也不會對幸福生活有任何影響，所以平均分配生活必需品也就是將幸福平均分配給所有人。地主就這樣因為自己的自私與欲望而將幸福平均分配給所有人。在這裡，亞當史密斯將這種結構稱為「一隻看不見的手」。

在文明社會裡，一方面生產更多的奢侈品，但另一方面也增加生活必需品的產量，並把那些分配給多的社會成員。結果，貧窮的人就有可能會減少。在亞當史密斯所舉的這個例子中，「弱者」，也就是高傲冷漠的地主因為得到了很多奢侈品而變得幸福。然而他的野心，只是一種幻想，一種斯騙而已。不過，也因為這個「弱者」有這股野心，反而促使經濟發展、減少貧窮，並促進了社會的繁榮。

4　通往美德之路與通往財富之路

獲得尊敬與欽佩的二條道路

亞當史密斯認為人們對財富與地位擁有野心，只會帶來社會繁榮的好結果而已嗎？其實不然。亞當史密斯談到，「地位，是人類在生活中大半努力的目標，它帶來了一切的騷亂、動盪、掠奪與不義行為的根源，也是引起人們欲望與野心的原因」（《道德情操論》第一部第三編第二章）。這裡所指的「地位」（place），是在自己隸屬的社會中所佔的相對位置，也就是「社會階級」。亞當史密斯認為，人，為了達到更高的社會階級而追求財富與地位，因此，才會發生騷亂、動盪、掠奪與不義行為。

追求財富與地位的野心，一方面能推進社會的繁榮，但同時也有危害社會秩序之虞。社會秩序混亂的話，也無法再繼續維持社會繁榮。那麼，怎麼樣的野心是被允許的，怎麼樣的野心又是不被允許的呢？關於這個問題，亞當史密斯在《道德情操論》第六版裡新添加了一章（第一部第三編第三章）針對「通往美德之路」（road to virtue）與「通往財富之路」（road to fortune）進行探討。

亞當史密斯認為，要得到世人的尊敬與欽佩有二條不同的道路，分別是「通往美德之路」和「通往財富之路」。

> 值得受到世人的尊敬與欽佩，並享受世人的尊敬與欽佩，就是野心與競爭的最大目標。有兩條不同的路同樣可以達到這個令人渴望的目標。一條是透過學習新知與實行美德；另一條則是取得財富與地位。（第一部第三編第三章）

世人會尊敬具有智慧（wisdom）和美德[3]（virtue）的人，會輕視愚昧（folly）且不道德（vice）的人。但是，世人也同時會尊敬富裕的人、有崇高社會地位的人，而輕視或忽視貧窮的人、社會地位低的人。對世人而言，智慧與美德用肉眼是不易察覺的，但財富與地位卻是顯而易見的。因此，比起有智慧和美德的人，世人更容易對富裕的人和有崇高社會地位的人產生尊敬之心。另一方面，

圖 2-2　「通往美德之路」和「通往財富之路」想像圖

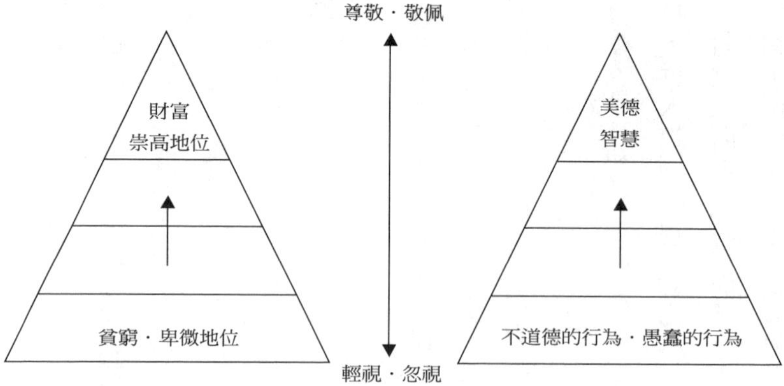

每個人心中的公平觀察者會了解每個人有多少的智慧與美德。公平觀察者會讓每一個人感到心靈平靜，所以比起財富與地位，會對每個人的智慧與美德給予更大的尊敬與欽佩。在我們的面前，就像這樣有二條道路。一條是獲得財富與地位以得到世人的稱讚的「通往財富之路」；另一條則是獲得智慧與美德以得到心中公平觀察者的稱讚的「通往美德之路」。關於這二條道路的想像圖如圖 2-2 所示。

圖中左邊的三角形代表「通往財富之路」，右邊的三角形代表「通往美德之路」。左邊三角形中央的箭號，代表了在自己人生中，會想擺脫「貧窮・卑微地位」，而去追求「財富・崇高地位」。右邊三角形中央的箭號則表示在我們在一生中會避開「不道德的行為・愚蠢的行為」，而以獲得「美德・智慧」為目標。在二個三角形中央的箭號則代表

「世人的評價」。世人會對「財富・崇高地位」與「美德・智慧」給予尊敬和欽佩，但是卻輕視或忽視「貧窮・卑微地位」和「不道德的行為・愚蠢的行為」。對世人而言，某個人很容易的就能看見位在左邊三角形裡的人，但卻不容易發現位在右邊三角形裡的人。也就是說，一般而言，世人都傾向以左邊的三角形為基準去對一個人進行評價。「弱者」就會選擇「通往財富之路」，「智者」則會選擇「通往美德之路」。那是因為，「弱者」會在意世人的評價，希望得到稱讚，害怕受到批評；而「智者」重視的是心中公平觀察者的評價，希望做出值得被稱讚的事，避免做出會受批評的事。

把圖2-2左邊的三角形與圖2-1的圖表放在一起來看的話，三角形底部的「貧窮・卑微地位」與圖表裡的線段AB是相對應的。比它更高的部份則是與線段CD（或是線段CE）是相對應的。在三角形底部的「弱者」，當然如果是「智者」也一樣，都會對於世人的輕視與忽視感到痛苦，也不會覺得幸福。不過，對於在三角形的上方部分，對「智者」來說並沒有任何差異。那是因為比起那個部分，「智者」更希望往右邊三角形所代表的「通往美德之路」前進。另一方面，對「弱者」來說，他們會認為得到更多的財富與更高的地位，就能夠獲得更大的幸福。但，那只是幻想而已。就像這樣，「弱者」因為追求著幻想的幸福，所以就朝著「通往財富之路」走；而「智者」因為想要獲得真正的幸福，所以便朝著「通往美德之路」前進。

一個普通人，同時都擁有「弱者」與「智者」的特質，所以會同時朝著「通往財富之路」和「通往美德之路」邁進。但是，「大多數的人都會欽佩並崇拜財富與地位」（第一部第三編第三章）。由於世人會以顯而易見的財富與地位為基準去評價一個人。所以，我們就會想讓他人看到自己最好的那一面，我們也因而無法完全消除內心裡的那股虛榮心。因此，雖然幾乎所有的人都認同「通往美德之路」的重要性，但卻會優先選擇「通往財富之路」。

「通往美德之路」與「通往財富之路」的關係

然而，我們會選擇「通往財富之路」並不意味著我們就放棄了「通往美德之路」。因為，在追求財富與地位的過程中，我們也能夠培養美德或學習新知。事實上，想要得到獲得財富與地位最有效的方法之一就是擁有美德與智慧。不僅對財富與地位，人們對於美德和智慧普遍地都存著尊敬之意，而且也認為擁有美德與智慧的人才能與巨大的財富及崇高的地位相襯。我們會給予擁有美德和智慧的人獲得財富與地位的機會以及方便，而不是給予不斷的做出不道德行為和愚蠢行為的人。如此一來，走向「通往財富之路」與走向「通往美德之路」則是一致的。亞當史密斯認為，這種一致性適用於中下階層的人。

幸運的是，在社會中下階層的生活中，通往美德之路和通往財富之路，至少這種財富是中下階層的人們可以合理期望得到財富之路，在大多數的情況下是幾乎相同的。在所有中下層的職業當中，擁有真材實料的專業技術，再加上謹慎、正直、堅定而有節制的行為，大多都會成功。〔中略〕在社會中下階層的人們，地位絕不可能重要到超越法律，所以，一般而言，法律對他們來說有一定的阻嚇作用，最起碼會讓他們對重要的正義規則表示尊重。他們的成功通常都是依賴周遭的人與同等地位的人的支持與好評，如果他們的行為不端正的話，就無法獲得成功。因此，「誠實是最好的政策」這句古老的諺語，在這個情況下，是完全適用的真理。（第一部第三編第三章）。

中下階層的人，大多數是先藉由往「通往財富之路」走之後，再轉向「通往美德之路」的。再逐漸培養出智慧與美德，特別是謹慎、正直、堅定而有節制的美德。因此，在商業的發達之下，藉由更多的人將這些美德運用到商場上的話，那麼，這些美德也會隨之在社會中推廣開來。

相較於此，上流階層的人們還去追求更大的財富與更高的地位，很可能導致他們在「通往美德之路」上變得墮落。

不幸的是，在上流階層裡的情況往往〔中略〕並非如此。在王公伯爵的宮廷裡，以及在大人物的會客室裡，成功與昇遷所仰賴的，並不是廣博多聞的同輩人的尊敬，而是無知傲慢又自負的上司的荒誕偏袒。在這個社會中，阿諛奉承與虛偽往往勝過真才實學與優秀的能力。在上流階層裡，

取悅討好他人的能力比認真努力更受人重視。（第一部第三編第三章）

但是，並不是只有上流階層的人才會在「通往美德之路」上迷失自我。在中下階層裡，也有人因為過份追求上流階層的財富與地位而在「通往美德之路」上迷失了自我。

為了達到這種令人羨慕的境遇，常因為對財富過於執著而放棄了「通往美德之路」。因為不幸的是，「通往美德之路」與「通往美德之路」有時候是截然不同的。但是，有野心的人往往自以為，只要達到那個耀眼的地位，他就有辦法能夠博得他人的尊敬與欽佩，而且也能讓自己的行為變得優雅有品位；並認為他未來的行為所帶來的光芒，會完全掩蓋住他為了達到目的而採取的邪惡手段。事實上，在大多數的政府裡，那些為了爭取高職位的候選人，他們的地位通常都高於法律，而且他們認為，若是當他們達到了野心勃勃所追求的目標時，那就不必擔心被追究自己是用何種不法手段而達到目的。（第一部第三編第三章）

亞當史密斯認為，「通往財富之路」和「通往美德之路」有相互矛盾之處。追求財富與地位的人們，在邁向通往財富之路上，也會有不採取一些不道德的手段的話，就無法獲得更多的財富和更高的地位的情況發生。這種時候，大多數的人便會在通往美德之路上迷失自我。事實上，追求財富與地位的人們，經常會以虛偽、陰謀、勾結、行賄、暗殺等不法手段，企圖將阻礙他出人頭地的人一一的排除掉。大多數情況下，會因為詭計失敗結果毀了他自己一生。不過，若是成功的話，那他就可以利用他所得到的財富和權力來掩飾自己過去的罪行。像這樣，那些追求財富與地位的人們就有破壞社會正義之虞。

5　適度的野心與競爭

公平競爭的精神

至此，亞當史密斯的想法中，怎麼樣的野心是被允許的這一點應該已經很明顯了。他所承認是只有在往「通往財富之路」上，同時也要追求「通往美德之路」。這與亞當史密斯認為的關於應有的競爭方式是一致的。

當我們以追求更多的財富或更高的地位為目標而有所行動時，就必須要和我們擁有同樣野心的人一起競爭。亞當史密斯並不否認競爭，但是他卻認為必須要在遵循公平競爭原則之下進行競爭。

在追逐財富、名譽和顯赫地位的競爭中，他會竭盡所能、全力以赴，會繃緊每一根神經與每一吋肌肉，為了就是打倒他的競爭對手。但是，如果他去推擠或絆倒其中一個人的話，那麼旁觀者就不會再縱容他了。那是因為他違反了公平競爭的原則，所以旁觀者是不容許這些事情發生的。

（第二部第二編第二章）

我們為了要得到比別人更多的財富或是更高的地位，有二種方法。第一個方法是，靠自己的努力、勤奮工作、提高能力與技術、節儉並提昇智慧與美德。這些經由自制與自我鑽研，便能得到比別人更優越的地位。第二個方法就是扯他人的後腿。當別人處於弱勢狀態時，相對的就能顯現出自己的優勢。這個方法，為達目的便會使出虛偽、陰謀、勾結、行賄與暗殺等不法手段。

從上述的文章可以了解，公平觀察者所認同的只有第一個方法而已。第一個方法就是公平競爭。不去危害他人的生命、身體、財產和名譽，也就是符合正義的競爭方式。遵循公平競爭原則的話，就能維持社會秩序，社會也會受到「一隻看不見的手」的引導而促使繁榮。而第二個方法則違反了公平競爭原則，是公平觀察者所不認同的競爭方式。因為那樣為了自身利益而做出對他人有害的行為，是應該要受到譴責的行為。最重要的是，之後亞當史密斯在《國富論》裡提出討論的「獨占的精神」，講的就是利用第二個方去獲得財富的意思。無視於公平競爭原則的話，那社會秩序就會大亂，並失去「一隻看不見的手」這個機能，也無法實現社會繁榮。

因此，結論是，亞當史密斯所認同的是受到正義感制約的野心。也可以說是遵守公平競爭原則、避免公平觀察者不認同的行為、同時向「通往財富之路」和「通往美德之路」邁進。這些的意思都是相同的。對史密斯而言，受到正義感的制約，並以其為基礎所進行的競爭才能帶來社會秩序與繁榮。

6　引導社會秩序與繁榮的人性——第一章與第二章的整理歸納

人類同時擁有「賢明」與「懦弱」二面

綜合在前一章所提到關於社會秩序的議論，和這一章所討論的社會繁榮，可以歸納如下。

我們對和自己毫無利害關係的人，也會對他抱持關心的態度，也會去感受他的情感或行為。另外，我們知道別人也會關心自己，並希望別人能夠體會我們的情感與行為。但是，根據生活經驗，我們也了解到不可能得到所有人的認同，所以隨著成長，在我們心中也會逐漸形成一個公平觀察者。心中的公平觀察者與實際的公平觀察者（世人）不同，經常給予我們公正的判斷。由於世人的評價會受到突發事件的影響而有所改變，所以有時候會做出和心中的公平觀察者不同的評價結果。我們心中「賢明」的那一面會尋求心中公平觀察者的稱讚，而避免被批評。但是，我們心中「懦弱」的那一面，比起心中公平觀察者，會更重視世人的評價，另外，也利用「自欺」去忽視心中公平觀察者的批評。在這裡，我們心中「賢明」的那一面便會為了避免批評、得到稱讚而有某些行為，我們將其設定為一般性原則。如此一來，我們就會遵照一般性原則培養出義務感。在一般性原則中，我們針對正義感制定了嚴密的法律。根據法律與義務感，便形成了社會秩序並維持社會秩序。然而，我們心中「懦弱」的那一面因為義務感薄弱，所以就可能會犯法。因此，在現實社會中，是不可能成就完全的社會秩序。

我們樂於去感受別人的快樂情緒，但卻對感受別人的悲傷情緒裹足不前。因為看到別人快樂我們也會快樂，但看到別人悲傷我們就會感到痛苦。財富與崇高地位給人歡樂的印象，而貧窮與卑微地位給人悲哀的印象。因為我們心中「懦弱」的那一面重視的是世人的評價，所以我們會追求財富與崇高地位而避開貧窮與卑微地位。只要有最低水準的財富就好了，再增加更多財富也不會影響原有的幸福，但是，因為我們幻想要擁有更多的財富與更高的地位，於是便選擇了「通往財富之路」。然而，我們藉由通往財富之路來增加社會全體的財富，把生活必需品分配給更多的人。另一方面，我們心中「賢明」的那一面，因為了解美德與智慧會帶來真正的幸福（心靈的平靜），所以以通往美德之路為目標。而我們在通往財富之路的過程中，也能夠培養出美德與智慧。

然而，「通往財富之路」和「通往美德之路」有相互矛盾之處。這個時候，我們會以「通往美德之路」為優先，如果能夠遵從公平競爭原則的話，便能維持社會秩序，促進社會繁榮。相反的，以「通往財富之路」為優先，若是違反了公平競爭原則的話，就會擾亂社會秩序，也無法實現社會繁榮。能帶來社會秩序與繁榮的是追求「通往美德之路」與追求毫不矛盾的「通往財富之路」，換句話說，只和受到正義感制約的野心進行競爭。

上述亞當史密斯的論點的特徵是認同在人們心中同時擁有「賢明」和「懦弱」二面這一點。而且，對於人類社會的秩序與繁榮這兩大目的，「賢明」和「懦弱」各自被賦予了不同的功能。也就是就，「賢明」扮演了帶來社會秩序的角色，而「懦弱」則被賦予帶來社會繁榮的功能。特別是，雖然「懦弱」在乍看之下，似乎是不道德的，但是那樣的「懦弱」也被「一隻看不見的手」引導，對於實現社會繁榮有所貢獻。然而，為了充分發揮「一隻看不見的手」的機能，並不是放任「懦弱」不管，必須要由「賢明」來牽制。

亞當史密斯的老師哈奇森將自私看成是「懦弱」，對其社會性的功能一概不認同。哈奇森認為，無論在任何場合中，有自私的存在，就不可能會有好的動機，只有仁慈才能產生好的動機。但是亞當史密斯卻認為，「在這種體系下，〔中略〕我們但會認同審慎、警戒、細心、節制、經常性、不變性等各種下級的德性，但是對這些德性是從何而來的卻沒有充分的說明，這是一個缺點。」（第七部第二編第三章）。對史密斯而言，與自私相關的這些氣質與「仁慈」相比較的話，可能是屬於「低等」的氣質，但卻是一般認為足以被稱讚的德行。另外，這些德行被「一隻看不見的手」所引導，實現了只有「仁慈」並無法完成的社會繁榮。

另一方面，《蜜蜂的寓言》（一七一四）的作者巴納德・孟德維爾（一六七〇—一七三三）表示了社會的繁榮全是歸功於這些不道德的德行的膚淺想法[4]。根據孟德維爾的說法，支撐著看似絢爛奪目的商業社會就是貪欲和虛榮心等不好的德行。亞當史密斯則否定這個說法。與自私相關的人類所有的德行全被當成不好的德行這一點，與哈奇森的看法一樣是與一般的判斷不同的見解。但是，史密斯又添加了以下這段。「不管〔孟德維爾博士的〕體系看起來是多麼具有破壞性，如果與一點點的真理都毫無關連的話，欺騙了那麼多的人的事，對於更為優秀的人來說，也不會引起任何錯愕的情緒」（第七部第二編第四章）。對亞當史密斯而言，孟德維爾提出的只要有「懦弱」就可以帶來社會繁榮的想法是錯誤的，但是，社會繁榮的基礎裡確實也包含了「懦弱」在內。

人類心中同時擁有「賢明」和「懦弱」是無法改變的事實。而且，「懦弱」也和「賢明」一樣具有社會性功能。但是，「懦弱」為了善盡其社會性功能而必須受到「賢明」的制約。這就是亞當史密斯的基本立場。以這個立場來看，在妨礙社會秩序與繁榮的各種問題中，並不是我們心中的「懦弱」所造成的，可以「賢明」與「懦弱」之間的關係來理解。而且，針對這些問題的對策，也可以從取得「賢明」和「懦弱」間的平衡的角度來思考。不是要放任「懦弱」而對其置之不理，但也不能夠將它完全封鎖起來。

註釋

1 另一方面，還有一種想法是，賦予自己更高的評價，並希望世人也給予相同的評價；亞當史密斯稱之為驕傲（Pride）。無論虛榮也好，驕傲也好，同樣都是希望世人給予自己更高的評價。然而，不同的是，虛榮心是在有自知之明的情況下追求更高的評價，而驕傲則是在毫無自知之明的情況下追求更高的評價。亞當史密斯認為虛榮是「還沒有資格獲得就想爭奪那份榮耀，雖然這不過是言之過早的企圖，卻是十分尋常的事」，並提出以下的敘述。

「就算你自己的兒子不到二十五歲就會裝腔作勢，即使事實如此，你無須過度絕望而認定他縱然過了四十歲也不可能成為賢明而有價值的人。更無須在這個時候，就對他擺架子誆稱自己擁有才能與美德，而絕望地認為他將來無法成為真正的行家。教育最大的秘密就在於能將這樣的虛榮轉為適當的目標。你決不可容許他以區區的成就來高估自己，但他謊稱真正重要的成就時，就不應經常給他打擊。若非他真的想得到的，就不會如此謊稱吧。你就獎勵這樣的慾望吧。提供所有容易獲得成就的手段給他吧。在那之後，即使他偶爾在還差一點才會獲得成就之前便假裝已經獲得的樣子，也不需要太生氣」（《道德情操論》第六部第三編）

由此可知，雖然史密斯知道虛榮會隨著驕傲演變為惡德，同時卻也認為虛榮對個人的成功和社會的繁榮很大的作用。

2 關於亞當史密斯認為的智者與斯多亞學派認定智者間的差異，請參照本書第一章的註釋8。

3 史密斯把美德定義為「一種氣質與行為傾向，足以形成卓越而為人稱讚的人格，以及自然成為人們尊敬、授與名譽、明確肯定的對象的人格」（《道德情操論》第七部第一編）。總而言之，美德就是會讓公平的觀察者肯定、稱讚、佩服的氣質和行為傾向。史密斯以為「依循周全的慎慮、嚴格的正義、適切的仁愛等諸項規則處事的人，可被稱為有完全的美德的人」（《道德情操論》第六部第三編）。而且，為了達到完全的美德，慎慮、正義、仁愛等諸項規則的完善知識，同時，讓自己遵守此等規則的完善自我管理，是必要的。由此可知，美德是伴隨著智慧與自我管理的。

4 孟德維爾所述如下：「無論是人類與生俱來的優雅性質及溫情，還是憑藉理性與自我抑制而獲得的真實美德，皆非支撐社會的基礎。從道德面來看也好，從自然面來看也好，這世上所謂的惡，才是讓我們成為社會性動物的大原則，且毫無例外的是所有買賣、職業的堅固基礎、生命和支柱」（《蜜蜂的寓言》泉谷治譯，法政大學出版局，一九三五年，第三四〇頁）。

第三章　國際秩序的可能性

在《道德情操論》中，亞當史密斯的問題意識並不是限定在一個社會中的秩序，而是遍及社會與社會，或是國與國之間的秩序。

1　社會習慣對公平觀察者的判斷基準之影響

何謂習慣

亞當史密斯認為，在一個有秩序的社會裡，對於善惡的一般判斷基準，即公平觀察者的判斷基準，並不是從社會外部而來的，而是透過社會內部人與人之間的交往歷程而形成的。因此，公平觀察者的判斷基準在適用它的社會裡是獨有的，所以有可能會受到社會習慣（custom）的影響。那麼，社會習慣對公平觀察者的判斷基準具有何種程度的影響呢？換言之，在具有不同風俗習慣的社會中，道德標準也會大不相同嗎？關於這個問題，亞當史密斯在《道德情操論》第五部「論社會習慣與時尚對道德的認同與否定等情感的影響」中做了說明。他對社會習慣的定義如下。

> 當我們經常見到兩種物品一起出現時，我們的想像力就會養成一種習慣，只要看到其中一個出現，很容易的就會聯想到另一個。當第一個物品出現時，我們就會期待第二個也跟著出現。它們自然而然地會讓我們聯想到它們彼此間的關係，而我們的注意力也很容易地就隨著它們變化。雖然它們的組合並不代表真正的美，但是當習慣已經把它們聯結在一起時，如果把它們分開了，我們反而會感到不合宜。（《道德情操論》第五部第一章）

所謂的習慣，就像這樣某一種物品不斷的伴隨另一種物品出現時，我們便會認為它們應該屬於同一個組合。依照習慣，當某一個物品出現時，若是同一個組合裡的另一個物品也同時出現的話，我們就會認為那是合理的。如果出現的不是同一個組合的物品的話，我們就會認為那是不合理的。例如，當我們發現自己衣服上的裝飾鈕扣掉了時，就會認為自己的打扮不夠體面。其實，是不是少了一個裝飾鈕扣完全不會影響到衣服原本的機能，但是我們卻會因為少了一個裝飾鈕扣而感到不自在。這是因為我們已經習慣了那件衣服與裝飾鈕扣是配對的，也就是說，這完全是「習慣」所致。對於不習慣那種組合的人而言，並不會去在意是否少了一顆裝飾鈕扣。

另一方面，所謂的時尚（fashion），是指有身份、有聲望的人所擁有的習慣。就個人而言，對於自己所憧憬的人所擁有的習慣，一般都會認為那是貴重豪華的，即使不符合自己的身份地位，仍然會想要得到的一種特殊社會習慣。

亞當史密斯認為，對於服裝、家具、建築、音樂、詩歌等等成為個人興趣的事物所做的社會評價基準受到了社會習慣與時尚的支配。對於那些成為個人興趣的事物的「好壞」或「美醜」，我們通常都以其所展現出的合理性或機能性，或者是規則性來做說明的。然而，事實上，對於「好壞」或「美醜」的評價基準，大多時候，我們都受到自己已經見慣的、聽慣的，或是自己所憧憬的人所得到的東西等的影響很大。其實，要說明什麼顏色與式樣的衣服是漂亮的？什麼款式的家具是有型的？等等問題，是無法撇開社會習慣與時尚不談的。至於建築、音樂、詩歌等等的藝術（arts）也不例外[1]。對此，亞當史密斯的說明如下。

> （在建築、音樂、詩歌的世界裡）很少有人願意承認，社會習慣和時尚會對自己如何去判斷那些藝術品的美醜具有很大的影響。反而覺得，他們所認為的那些藝術創作過程中的所有規則是本於理智和天性，並不是本於社會慣例或偏見。然而，只要稍微留意一下，他們便會發覺事實上並非如此，並使他們更加確信社會習慣與時尚對建築、詩歌和音樂的影響和對於服裝與家具的影響是一樣確定無礙的（《道德情操論》第五部第一章）

因為對我們的興趣的社會評價基準受到了社會習慣與時尚很大的影響，所以那個基準隨著社會或時代的變遷也大不相同。某一個社會或時代中，一般人認為是「好的」還是「美的」服裝、家具、建築、音樂、詩歌，在別的社會或時代裡，不一定會到同樣的評價。隨著情況的不同，也可能會被認為那是「不好的興趣」。像這樣，對興趣的社會評價基準，換句話說，「文化」會因應社會與時代的變遷而有所變化。

社會習慣對道德的影響

那麼，關於人類性格或行為的「好壞」或「美醜」的社會評價基準，也就是「道德」，受到社會習慣與時尚何種程度的影響呢？亞當史密斯的說明如下。

不同的時代與國情的不同，往往造就了生活在其中的大多數人不同的性格。人們是如何看待這些性格、對各種一定程度的性格應該要受到譴責或是得到稱讚，也是隨著國家或時代而有變化。

（《道德情操論》第五部第二章）

亞當史密斯認為，對於興趣與人類的性格或行為的社會評價基準，都同樣是受到一個社會或時代的社會習慣與時尚的影響。舉例來說，碰到人時應該要如何打招呼？受到他人的恩惠，應該要回多大的禮？對於年長者應該要表現出何種程度的禮儀？孩子應該付出多大心力去奉養父母？夫婦之間應該有多深的情誼？老師對學生的教育應該要多嚴格？關於這些問題，在不同的社會或時代裡，也會有各種不同的判斷基準。在某一個社會或時代裡認為年輕人應有的禮儀，在別的社會或時代裡或許會被認為是無禮的。還有，在某一個社會或時代裡人們認為老師要以嚴格的方式教導孩子，但在另一個社會或時代裡的人們可能就會覺得那是專制的，而且應該要受到譴責。諸如此類的例子，不勝枚舉。

亞當史密斯認為，野蠻社會裡，壓抑各種情感被視為是一種美德；而在文明社會裡，表達出各種情緒則被視為是一種美德。在充滿了飢餓與危險的野蠻社會，認為避免個人的快樂或對他人的依戀情感有其必要性，所以鼓勵人們壓抑情感，並將其習慣化；相對於此，在豐饒而安全的文明社會，因為認為避免快樂或眷戀的必要性薄弱，所以允許並鼓勵人們表達出各種情感，並也將其習慣化。從文明社會裡人們的角度來看，會認為野蠻社會的人是沒有感情、是冷漠的。相反的，站在野蠻社會裡人們的角度來看，會認為文明社會的人是軟弱而散漫的。由此可知，對於什麼樣的性格或行為才會被認為是「好的」或「美的」，是依賴社會習慣，以及影響社會習慣的文明化程度做為評價基準的。

那麼，社會習慣與時尚對社會道德的影響程度，以及對文化的影響程度是一樣大的嗎？換言之，不同社會或時代裡，不同的道德標準與不同的文化，在本質上是相近的嗎？亞當史密斯認為並非如此。

社會習慣與時尚對人類道德情感的所有影響，和在其他場合裡所產生的影響，相較之下，實在是微不足道。而社會習慣與時尚等因素，造成我們產生嚴重的錯誤判斷，這和一般的性格與行為無關，而是與一些特殊社會習慣的合宜與否有關。（《道德情操論》第五部第二章）

根據亞當史密斯的看法，在對於人類性格或行為的社會評價基準當中，受到社會習慣與時尚相當大的影響的是打招呼、做表情、情感的表現方法等等，這些對於社會存續問題無關緊要的性格或行為種類。對社會存續而言的重要性格或行為種類，也就是與正義有關的性格或行為，其社會的評價基準並不太會受到社會習慣或時尚的影響。

當然，對於生命、身體、財產與名譽應該要多尊重，其判斷基準隨著社會或時代的變遷是全然不同的。另外，在每一個社會、每一個時代裡的特殊社會習慣，在其他的社會或時代裡也可能變成會受到譴責或懲罰的令人難以接受的陋習。亞當史密斯以一個在古希臘社會中殘殺幼兒的社會陋習為例來做說明。

在古希臘社會中，因父母的情況無法養育孩子時，可以遺棄小孩但卻不會受到任何的譴責或懲罰。即使是柏拉圖或是亞里斯多德等賢人，比起予以這種行為反對或譴責，反而會因為這是為了維持社會全體的幸福而給予支持。但是，也不能因為古希臘人有這種默許殘殺幼兒的不良風俗就因此認為古希臘的人們漠視人命的重要性。如果真是那樣的話，也就是說，除了自己的小孩，若是古希臘人因為個人因素就恣意的奪取他人性命的話，那古希臘社會不是在一瞬間就崩解了嗎？關於此點，亞當史密斯敘述如下。

有一個顯而易見的理由可以說明，為什麼雖然社會習慣會扭曲我們對一般行為道德的判斷，但絕對不會像某些特殊的社會習慣合宜與否，被它扭曲得那麼嚴重。因為。那樣的社會習慣不可能存在。無論是在何種社會中，如果人們的一般行為，和剛才所提到的那種可怕行為（殘殺幼兒的不良風俗）是一致的話，那麼，那個社會絕對不可能存在。（《道德情操論》第五部第二章）

即使社會習慣或時尚，偶爾會扭曲了對於特殊性格或行為的評價基準，但只要是與正義有關的，並不會扭曲了對於一般性格或行為的評價基準。因為，殘害自己同胞的生命或身體卻得到稱讚的這種社會，是不可能存續下去的。因此，在所有能夠存續下去的社會中，就應該要有避免傷害他人的生命、身體、財產和名譽的道德情操，就算會有些許程度上的差異，但卻是共通的情操。道德與文化是不同的。與對於興趣的社會評價基準不同，公平觀察者的判斷基準，尤其是與正義有關的判斷基準，並不會受到社會習慣與時尚很大的影響。這便是亞當史密斯的基本見解。

2 國際秩序是可能的嗎？

國際性的「公平觀察者」

我們更進一步去探討亞當史密斯對社會習慣與時尚的基本見解，便會了解，就像跨越一個社會中的每一個人在性格或資質上的差異，就能建立起共同的道德標準一樣，如果也跨越每一個社會中各種社會習慣或文化上的差異，也可能建立出共同的道德標準。也就是說，和人與人之間一樣，社會和社會之間也應該可以形成一個公平觀察者的判斷基準。關於此論點，以下利用圖3-1來做說明。

當A國與B國正進行交換某種行為時，A國對B國所做的行為稱為「行為A」，B國對A國所做的行為稱為「行為B」。那些行為，可能是貿易交涉，也可能是外交談判，或者有可能是戰爭。當A國的政府或國民要對自己國家和對方國家的行為進行公平的判斷時，他們會以在自己國家所通用的公平觀察者（公平觀察者A）的角度，來對自己國家的行為與對方國家的行為的合宜性進行檢討。也就是說，A國的政府或國民是以「公平觀察者A」若是處於與自己國家相同境遇時會產生的行為（行為A'），與自己國家實際上產生的行為（行為A）之間是否一致，來進行判斷；同時，「公

圖 3-1　二國之間的公平判斷

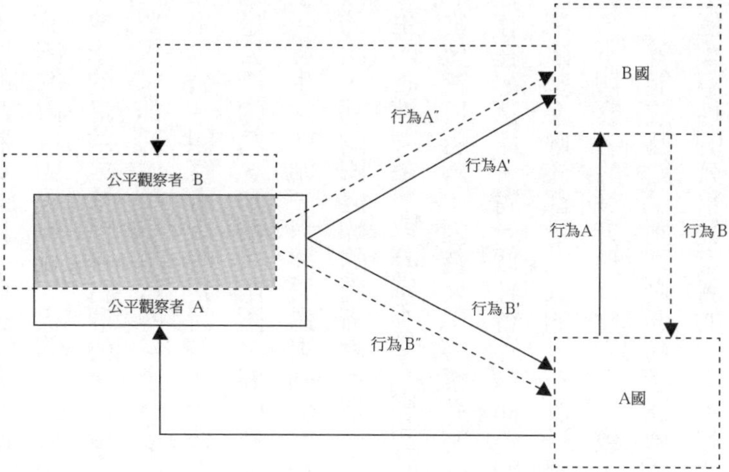

平觀察者A」也以在與對方國家相同境遇時會產生的行為（行為B'），與對方國家實際上產生的行為（行為B）之間是否一致，來進行判斷。

同樣的，B國的政府與國民是公平的情形下，他們就會站在公平觀察者B的立場來判斷兩國的行為。他們是以「公平觀察者B」若是處於與自己國家相同境遇時會產生的行為（行為B"），與自己國家實際上產生的行為（行為B）之間是否一致，來進行判斷；同時，「公平觀察者B」也以在與對方國家相同境遇時會產生的行為（行為A"），與對方國家實際上產生的行為（行為A）之間是否一致，來進行判斷。

就像這樣，如果兩國的政府與國民是公平的話，那他們就不會以自我利害的觀點，而是以公平觀察者的觀點來判斷兩國行為的正當性。但是，所謂的公平觀察者是指在兩國國內各自通用的公平觀察者。A國的政府或國民不會知道公平觀察者B的判斷基準，即使知道了，也不會站在他的立場做判斷。B國的政或國民也是一樣的。對於向對方國家課徵保護關稅是適當的政策嗎？對方國家向自己國家要求的借款或補償是合理的嗎？或者是，自己國家所發動的戰爭是合理的戰爭嗎？等等的問題，兩個國家都同樣是以各自的公平觀察者的觀點來進行判斷。

如果，公平觀察者A的判斷基準和公平觀察者B的判斷基準是相同的，只要兩國的政府與國民也認為是公平的話，那麼，兩國之間的判斷結果就會一致。這個時候，兩國間在貿易上、外交上、軍事上所發生的問題，只要透過對話便能輕鬆解決。相反的，如果兩國的公平觀察者的判斷基準完全不同的話，那兩國之間的判斷就不會一致了。這種情況下，即使兩國的政府或國民再公平，兩國間所發生的各種問題，或許就不是三兩句話便能輕鬆解決得了的。

亞當史密斯認為，因為公平觀察者的判斷會受到社會習慣的影響，所以每一個社會間也不會有一致性存在。然而，對一個社會存續而言的重要問題，也就是關於正義的問題，每個社會的公平觀察者的判斷基準應該都是一致的。在圖3-1裡便說明了這個問題。亦即，代表公平觀察者A的長方形與代表公平觀察者的長方形不會完全一致，但是卻有很多重覆的部分。這個重覆的部分（圖中灰色部分），就能成為給予兩國之間判斷道德問題的共通基準的「國際性的公平觀察者」。每個國家都站在這個國際性的公平觀察者的立場，就能和平地解決國際問題。尤其是與正義有關的國際性的公平觀察者的判斷基準也是國際法，或是「國家法律」（law of nations）。就像以個人的情感為基礎所制定的國內法，可能會形成社會秩序並用以維持社會秩序一樣，以每個國家的情感為基礎所制定的國際法，也可能會形成國際秩序並用以維持國際秩序。

然而，事實上，形成國際秩序的可能性，比形成國內秩序的可能性，要困難得多了。其中一個原因，是因為每個國家之間都有地理上、語言上以及文化上的隔閡存在，所以要形成一個共通的公平觀察者的判斷基準是不容易的。更重要的是，各國的政或國民，用於自己國家的公平觀察者的判斷基準，並不會用在其他國家。會有這種情況發生，是因為各國的國民對其他國家的國民存有「國家歧視」（national prejudice）而產生的。亞當史密斯在《道德情操論》第六版裡，也提到了國家歧視的起源與影響。下一節裡，也將針對這問題進行討論。

3　愛國心與國家歧視

自然而適當的愛國心

亞當史密斯認為，當人們祈求幸福時，比起祈求全人類的幸福，通常會先祈求自己得到幸福，也就是說，一般人都很難做到「博愛」（universal benevolence）。他的論點如下。

管理宇宙這個偉大的體系的運作，以及照料有理性有感覺的生命，使他們都普遍獲得幸福，這是神的職責，不是人類的職責。人類被賦予的是較卑微的工作，一個與人們的微薄力量以及有限的理解力相當的工作。那就是對自己的幸福，以及對自己的家庭、朋友、國家的幸福的關懷。（《道德情操論》第六部第二編第三章）

人們首先會祈求的是自己的幸福，其次是自己的家人，接著才是朋友或認識的人。亞當史密斯將這種有順序性的幸福願望稱為「愛情」（affection），並認為那是因為「習慣性同感」（habitual sympathy）所產生的。在日常生活中，我們會因為與某些人不斷地有相同的感受，而對那些人產生愛情，於是比起對其他的人，我們會更希望他們或她們可以得到幸福。這種願望，會隨著實際上的同感頻率越低而變得越薄弱。一般而言，我們除了自己之外，首先會對同感頻率最高的家人擁有愛情，其次才是朋友或鄰居，然後是其他認識的人。甚至，我們還會隨著愛情的強弱，為了讓那個人得到幸福，認為即使犧牲了自己的幸福也沒有關係。或者是認為，增進那個人的幸福，就像是自己也變得幸福一樣。

依據亞當史密斯的看法，由這種習慣性同感所支配的個人的愛情，是「愛國心」（love of our own country）的基礎。他的敍述如下。

我們在其中生長、受教育，並在其保護下生活的國家或國家主權，一般來說，也是我們行善或為惡會對其全體的幸福或悲慘產生很大影響的最重要的社會團體。因此，上天才會極力的將它推薦給我們。不僅我們自己，而且所有讓我們感到親切的對象，我們的子女、父母、親戚、朋友、恩人等我們最愛最尊敬的人，通常也都包含在內。他們的幸福和安全，在某種程度上是依賴著國家的繁榮與安全。所以，我們不僅基於個人情感，也基於我們所有的私人情誼，去熱愛我們的國家。由於和它的連結，它的幸福與光榮也會為我們帶來某種榮譽（《道德情操論》第六部第二編第二章）

愛國心並不是從對全人類的博愛而來的。日本人會愛日本，並不是因為日本是地球的一部份。另外，日本人會以日本人為豪，也不是因為日本人是人類的一部份。而是因為日本人認為，在日本這個國家當中，或是在日本人這個集團中，自己與家人，還有自己所愛的人幾乎都包含在其中，所有人的安全與幸福也全都仰賴日本這個國家的繁榮和安全。而且也認為，實際上會受到自己的行為影響的社會團體就是日本這個國家。就像這樣，愛國心並不是由博愛而來，而是被個人情感與私人情誼所引導出來的。

扭曲的愛國心與國家歧視

應該要注意的是，所謂的愛國心並不是受習慣性同感支配的愛情。我們無法和自己國家裡的所有人交往或擁有同感。另外，對於國家本身，我們也無法擁有同感。也就是說，與家人或朋友不同，愛國心就是對自己而言是無法直接產生同感的一個非實物產生愛情，也可以說是假想的愛情。但是，我們一旦愛我們自己的國家，那就會對國家的繁榮與光榮感到自豪。依據情況的不同，還會認為，自己的生命與利益，或是自己所愛的人的生命與利益為了國家而犧牲也沒有關係。我們將這種對國家抱持強烈情感並愛著自己國家的人稱為「愛國者」（patriot）。關於愛國者，亞當史密斯的敘述如下。

> 為了國家安全，或者是只為了國家的虛榮而犧牲自己生命的愛國者，他這樣的行為會被認為是非常正確合理的。他會像中立的旁觀者以自然且必然會採取的眼光，來看待自己。他將自己看做是廣大群眾的其中一份子，在公正的判官眼中，他不見得會比其他的人更重要，反而認為有義務隨時為了大多數人的安全、便利，甚至是光榮而犧牲與奉獻自己。
>
> 但是，雖然這樣的犧牲看起來是完全正當且合理的，然而我們卻知道要做出那樣的犧牲是有多麼的困難，而且能做出那樣犧牲的人是少之又少。所以，他的行為不只是會獲得所有人的贊同，也會激起我們至高的驚奇與欽佩，而且就像是最了不起的美德般得到所有的讚美。（《道德情操論》第六部第二編第二章）

在這段文章裡應該要注意的是，關於愛國者的行為，亞當史密斯使用了「看來似乎」（appear），還有「覺得似乎」（seem）這兩個詞。亦即，亞當史密斯所探討的是，世人是以什麼樣的眼光去看待愛國者的行為。在世人的眼中，愛國者的行為似乎是嚴格地遵從公平觀察者的判斷而做的行為，也似乎是值得稱讚的行為。

但是，愛國者心中的公平觀察者，對他的看法也和世人對他的看法是相同的嗎？我們原本就是因為認為國家是我們自己或家人或自己所愛的人們的安全與幸福的後盾，所以才會去愛自己的國家。儘管是那樣，基於愛國心，認為就算犧牲自己的生命，甚至是犧牲自己所愛的人的生命也沒有關係，這就必須說是在個人心中的那份愛情被曲解了。大概是因為愛國者心中的公平觀察者命令他要盡力保護自己與自己所愛的人的生命。至少，並不贊同他為了國家的虛榮而犧牲了自己與自己所愛的人的生命。以對自己與自己周遭的人的愛情為基礎的愛國心，是自然且必要的，也是公平觀察者所認同的。然而，若是愛國心超越了這個基本界線的話，就會變得不自然，且變成具有危險性的被扭曲的偏愛。

進而言之，愛國心也可能會對於鄰國的國民產生國家歧視之虞。對此，亞當史密斯的敘述如下。

> 由於對自己國家的愛，我們會以充滿惡意的嫉妒與羨慕的心理，看待鄰國的繁榮與日漸擴大

的勢力。相互毗鄰的國家，因為沒有一個可以解決它們之間紛爭的共通裁判者，所以人們時時刻刻都處於恐懼與彼此猜忌的環境中。每一國的君主，由於不期待得到鄰國的公正對待，所以也只會以同等的公正回報鄰國。對於國際法的尊重，或者是，對一些獨立國家所聲稱或自以為它們有義務遵守彼此交往中應有的規則的尊重，都只不過在裝腔作勢而已。我們常常會見到，為了一丁點的利益或受到一點挑撥，就規避或違背那些規則，卻完全不覺得羞恥或難為情。每個國家似乎都可以在任何一個鄰國逐漸強大的過程中，預見自己的國家將被征服的命運。這種毫無意義的國家歧視，往往是建立在高貴的愛國情操之上的[2]。（《道德情操論》第六部第二編第二章）

亞當史密斯認為，由於對祖國的愛，會使得對鄰國所產生的國家歧見以及對鄰國國民所產生的嫉妬、猜忌、憎恨等情緒更加擴大。結果便導致，對自己國家的人們能遵守的正義感，對其他的國民便無法再遵守了。而國際法經常會受到踐踏蹂躪也就是因為這個原因。也或許，我們會陷入國家歧見中，是因為我們的愛國心超越了自然且現實的範圍，而變成了假想的偏愛。也就是說，當超過了會對我們自己和家人，以及自己所愛的人產生影響的愛國心時，我們就會認為國家本身是具有它的價值性。這種時候，人們就會期待自己的國家要比其他國家更優秀。換句話說，就是希望，甚至相信其他國家比自己的國家差。這就是所謂的國家歧見。

事實上，當時的英國國民與法國國民雙方之間都對對方持有偏見。因此，它們之間才會不斷發生從動機與結果看來都超出了合理範圍的戰爭。而且，兩國的國民不僅對於對方國家日益增強的軍事武力感到恐懼，就連在經濟上、藝術上、以及科學上的發展心存嫉妒。亞當史密斯敘述如下。

法國與英國各自對於對方的軍事力擴張，只要抱持著恐懼心不就好了嗎？但是，無論對哪一個國家而言，對方的幸福與繁榮，也就是，對於對方在土地的耕作、製造業的發展、商業的發達、港口的建設與數量等等方面產生了嫉妒心，毫無疑問的，那樣的嫉妒心是不符合這二個泱泱大國的風範的。這全是因為我們所存在的這個世界得到改善了。全體人類也從中獲得了恩澤而使人性變得傲慢。為了要改善這個世界，各國的國民不只是獨自閉門造車就好了，應該要基於人類愛，為了促進彼此間的發展而相互努力，而不是去妨礙鄰國的發展。這些（經濟、藝術、科學）發展全部都是國民之間產生合理競爭的對象，而不是產生國家歧見或是嫉妒的對象。（《道德情操論》第六部第二編第二章）

各國的經濟、藝術與科學上的發展，不僅是對一個國家，也會為鄰近各國以及全體人類帶來恩澤。若是有其他國家能夠提供更便宜的農產品或產品、更方便的港灣設施、更高品質的藝術與科學給我們的話，那我們就可以多加利用來推進自己國家在經濟、藝術與科學方面的發展。因此，對自己國家而言，應該要對其他國家的經濟、藝術與科學的發展舉雙手歡迎，而不應該去妨礙或是對其持有國家歧見和嫉妒心。

亞當史密斯認為，經濟、藝術與科學的發展是「國家競爭」（national emulation）的合理對象。這裡所謂的「競爭」，是指各國在相互較勁之下，為了促使自己國家的經濟、藝術與科學的發展而努力的意思，而不是要手段使自己國家處於相對優勢的地位。但是，持有國家歧視的政治家或國民所想到的卻是，與其去幫助鄰國的發展，不如去妨礙它們的發展，反而能夠為自己的國家爭取利益。結果則導致他們會使出所有不正當的手段去妨礙其他國家的經濟、藝術與科學的發展。國家歧視不僅會引發戰爭，在其他領域中，也會導致我們的道德情操的墮落腐敗。

如果是人與人之間的話，即使對某一個特定對象持有偏見，但因為中立的旁觀者就圍繞在身邊，所以在其所認同的範圍內，對特定對象所做的行為就會有所節制。然而，國與國之間並沒有所謂的中立的旁觀者存在。亞當史密斯認為，每個國家在所有國際問題當中，因為受到國家歧視的影響而導致道德淪喪的原因，就是因為國與國之間沒有中立的旁觀者存在的關係。

就一個獨立國家對另一個獨立國家的行為而言，只有站在中立的國家才是冷靜公平的旁觀者。但是，它們卻位於連那些國家都看不見的遙遠地方。當兩國發生衝突時，每個國民幾乎都不會顧慮到另一個國家人民對他們的行為可能會抱持的看法或感覺。他只是全心全意想獲得自己同胞的贊同。而由於所有同胞都和他擁有相的敵意與激情，所以對他而言，唯有去激怒或挑釁敵國才能夠取悅他的同胞們。自己所偏袒的旁觀者（自己的同胞）就身邊，而中立的旁觀者（中立國）卻遠在天邊。因此，在戰爭或交涉的過程中，鮮少有國家能遵守正義的法律。（《道德情操論》第三部第三章）

就像這樣，當我們面對國際問題時，由於對於其他國家持有國家歧視，而且又沒有中立的旁觀者存在，所以就會導致道德淪喪。

國際往來與貿易的功能

建立國與國之間共通的「公平觀察者」的判斷基準後，以其為基礎制定出國際法，再藉由遵守國際法進而形成國際秩序並維持國際秩序。這個理念基本上是可行的。但是，想要實現國際秩序，首先，就必須要摒除國家歧視，還必須要有一個具有中立旁觀者功能的國家（或機構）存在，才有可能實現。

我們為了不陷入國家歧視的泥沼當中，各國的政府就必須十分小心謹慎的避免誤導國民產生毫無根據的「愛國心」。或者是，反過來必須要注意，政府要避免受到國民狂熱的「愛國心」所煽動。

當每個人實際與其他國家的人民接觸並反覆不斷的產生同感，就能夠降低國家歧視的程度。因為，再進一步與其他國家的人民接觸並產生同感後，就會了解各種不同的風俗或文化，同時，也能了解其他國家的人民對於生命、身體、財產和名譽被侵犯，也就是對於正義的感覺和我們自己幾乎是一樣的。

像這樣擴展並加深各國國民間的交流，各個國家可能會變成有利害關係的對立國，當然也可能會成為具有中間仲裁者的功能。另外，各國國民之間的關係變得更加緊密的話，那麼所有人的意見就會漸漸的形成國際輿論。而國際輿論就成為建立所有國民間共通的「公平觀察者」的判斷基準之基礎。

亞當史密斯認為在當時的歐洲社會裡的國際秩序並不是在短時間內立即形成的。對他而言，有社會秩序的歐洲社會要實現國際秩序一定是要很久以後的事。在那之前，歐洲各間的國際問題也必須要靠軍事力量與外交技巧來解決。那種解決方法，或許未必是公平觀察者所認同的。但是，歐洲各國的國民之間透過更深層的交流，還有彼此間同感的習慣化，在處理國際問題時就能避免道德的淪喪。而且，各國國民間才能進行自由貿易，並成為擴展交流的方法。就像在第五章裡提到的，物物交換要以人與人之間擁有相同情感為前提才能夠成立，而且，透過不斷的物物交換，關於交易對象的事情也能更加了解。

4 從《道德情操論》到《國富論》

以自然法則為基礎所形成的「國家法律」

亞當史密斯認為，理想的「國際法」或是「國家法律」，應該是以「自然法」（natural law）為基礎所形成的。所謂的自然法，是自古希臘時代就已經存在概念，也代表了促進人類社會的存續與繁榮的普遍而完全的法律。另一方面，實際上在每個社會裡被制定出來的法律稱為「制定法」（positive law）。依據亞當史密斯的觀點，在人類歷史中，制定法未必會符合自然法。因為，不只是各國的社會習慣，制定法會受到政府的利益、左右政府的特定階層的利益、或是司法機關的利益等而被扭曲，結果導致無法完全促進人類社會的存續和繁榮。亞當史密斯的敍述如下。

> 有時候，所謂的國家體制，亦即，政府的利益，有時候是左右政府的特定階層的利益，會扭曲國家所制定的一些制定法，使得它們背離自然的正義。〔中略〕在任何一個國家，據制定法所做出的判決，都不會與自然的正義所要求的各項規則完全相同，因此，每個制定法體系雖然記錄了不同時代與國家裡所有人類的情感，也應該擁有極大的權威，但是，絕不能被視為是精確的自然的正義規則體系。（《道德情操論》第七部第四編）

亞當史密斯認為由人類所制定出來的法律並不是自然法。換言之，人類無法完全地推進社會秩序與繁榮。那麼，與自然法一致的正義規則的具體內容，亦即能成為國家法律的基礎的正義規則的具體內容到底是什麼呢?亞當史密斯將探討這個問題的法學稱之為「自然法學」[3]（natural jurisprudence），而開始真正嘗試去樹立起自然法學的是一七世紀的荷蘭法學家格老秀斯[4]。亞當史密斯在《道德情操論》一書的最後一個段落的內容敍述如下。

> 格老秀斯似乎是第一個企圖向世人提供一套貫穿所有國家法律的體系，而且應該是做為那些法律體系基礎的一般性原理的人。儘管他的關於戰爭與和平的法律論文並非十全十美，或是目前有關這個主題最完整的著作。我將在其他論作中努力闡明法律與政府的一般原理，並說明那些原理在不同年代與社會發展時期所經歷的各種變革，而那些變革不僅是與正義有關，也涉及公共政策、公共收入、軍備國防及其他任何法律標的。因此，在此就不再進一步對法學的歷史做詳細的敍述。
> （《道德情操論》第七部第四編）

在這個段落中，亞當史密斯提到，將在他自己的下一部著作裡就「法律與政府的一般原理」（general principles of law and government）進行探討。這也表示他宣告了將承續格老秀斯的工作，嘗試著樹立起奠定國家法律的基礎的自然法學。另外，也代表亞當史密斯計劃對於在各種社會或時代的制定法裡，自然法具有何種作用，或是如何被扭曲等法律的歷史進行研討。不僅侷限於正義，亞當史密斯更進一步將探討的範圍擴大到公共政策（police）、公共收入（revenue）、軍備國防（arms）等方面。公共政策與經濟有關，而公共收入與軍備國防則與財政有關。不僅是關於社會秩序（正義），關於社會繁榮（豐饒）方面，亞當史密斯也認為它們的存在是「貫穿所有國家法律的體系，而且應該是做為那些法律體系基礎的一般性原理」。

為「國家法律」做準備的「國家財富」

亞當史密斯在《道德情操論》一書中，對於奠定社會秩序與繁榮的各種人性是什麼，還有它們具有何種作用等有詳細的說明。接下來，他則計畫針對引導社會秩序與繁榮的一般原理的具體內容為何，還有它在人類歷史中扮演何種角色，以及它如何被曲解等進行探討。

在《道德情操論》第一版出版之後，亞當史密斯便在格拉斯哥大學教授與法學相關的課程。根據他的學生所做的筆記發現，他並不是只針對各種正義規則，也講授公共政策、公共收入、軍備國防方面的課程。[5] 亞當史密斯原本準備針對法律與政府的一般原理進行探討的，不過，最後只完成了一部份而已。他在與正義有關的一般原理以及關於實際的法學歷史的著作尚未出版之前，就已經與世長辭了。另一方面，與公共政策、公共收入、軍備國防相關的一般原理與歷史，則出版了上、下兩卷。這部著作就是在《道德情操論》初版發行十七年之後所出版的《國富論》（An Inquiry into the Nature and Causes of the Wealth of Nations）[6]。

亞當史密斯認為，無法表示出用以調停各個國家的利益的「國家法律」（law of nations）的一般原理，但是，卻能表示出「國家財富」（wealth of nations）的一般原理。那即是代表財富的一般原理，就是使所有國家的人民生活富裕、連繫所有人民的情感，並且為了形成「國家法律」而做的準備。

註釋

1 史密斯在其《道德情操論》第四部第一章的「凡看起來有用的事物全都是具有美感的藝術品及該種美感所引起的廣泛影響」當中提到，對象物所持有的效用（Utility），亦即我們是受到了影響而去判斷該對象物是多麼地適合目的。就如一般所認為的，比起一張椅腳長短不均的椅子，一張完全平衡的四腳椅，看起來更具美感。史密斯認為，會對某個對象物感到興趣，是受到我們的習慣、流行及效用的影響。

2 史密斯在此所指的「國際法」，並不是基於國際上的公平觀察者的判斷為基準所形成的正義之法，而是基於歷史上各國因利害關係或策略所訂立的各種條約。關於這現實的「國際法」，史密斯敘述如下。「國際法本身大部分在制定之時，所考慮到的就只是最簡單明瞭的正義諸規則。即使無辜者與罪犯之間有相互依存的關係（或許這對無辜者而言是無可奈何的事），但無辜者並不會因此代替罪犯受苦或受罰，這便是最簡單明瞭的正義諸規則的其中一條。就連在一場最不正義的戰役中，一般而言有罪的就只有當權者或支配者而已，通常臣民們是完全無罪的。然而，無論何時，只要敵國認為時機恰當，不管是海上或陸上的，就會去掠奪無辜百姓的身家財產；聽任他們的土地廢棄荒蕪；燒毀他們的家園；若是他們膽敢反抗，就會遭到殺害或監禁。而這些行為，就是與所謂的國際法完全一致。」（《道德情操論》第三部第三章）。

3　所謂的自然法學，是承認自然法的存在，且以其為基準對實定法進行批判並賦予基礎的法學理論。自然法學的起源和自然法的概念一樣，雖然從古代希臘哲學中可以見得到，但自然法學的確立是在近代歐洲的法學思想之中。格老秀斯被認為是近代自然法學的創始者，雷普茲、洛克、普基魯、盧梭等的思想也被列入自然法學的系譜之中。

4　格老秀斯的主要著作是《戰爭與和平法》（On the Laws of War and Peace, 1626），日文翻譯本為格老秀斯《戦争と平和の法(The Fable of the Bees)》（一又正雄譯，酒井書店，一九九六年）。

5　學生筆記於一八五九年在蘇格蘭老家的藏書當中被發現。在日本被譯為《法学講義》（Lectures on Jurisprudence，水田洋譯，岩波文庫，二〇〇五年）並出版。

6　史密斯在《道德情操論》最終版裡追加一篇「給讀者」的序文當中敘述如下：「在這本著作的初版的最後一段裡我曾做以下論述。即是，我在其他論作中努力闡明法律與政府的一般原理，並說明那些原理在不同年代與社會發展時期所經歷的各種變革，而那些變革不僅是與正義有關，也涉及公共政策、公共收入、軍備國防及其他任何法律標的。在國民財富的性質和原因的相關研究裡，對於這個約定的一部分，至少關於公共政策、公共收入、軍備等方面盡可能地進行了研究。」文中，史密斯所提到的「國民財富的性質和原因的相關研究」，指的就是《國富論》。

Ⅱ 《國富論》的世界

第四章 《國富論》概略

財富的定義與來源以及富裕的一般原理

在《國富論》一開始的標題「序言及本書構想」（以下簡稱「構想」），簡單明瞭的表示了《國富論》一書的目的與整體構造。在本章裡，藉由探討「序言」的全文以掌握《國富論》的概略。「序言」的開頭如下。

對每個國家而言，提供給全國人民每一年所需的生活必需品與便利品的基本來源，是全體國民每一年的勞動結果；那些被消費掉的生活必需品與便利品，不是由每個國民勞動所直接生產出來的，就是利用那些生產物去向其他國民所買來的。

因此，全國對生活必需品與便利品的需求、供應情形的好壞，即按照全國勞動所生產出來的生產物，還有用這個生產物所買來的物品數量，相對於有消費需要的人口比例多寡來決定。

在任何國家，這個比例通常取決於兩個不同的條件。第一，在該國的勞動生產力上，普遍所運用的技巧、純熟度以及判斷力。第二，在全國的勞動人口當中，從事有效勞動的人口比例。任何國家，不論其土壤、氣候或領土大小，在其獨特的自然條件與領土範圍內，每年生產物的多寡則取決於這兩個條件。

在這篇引用文章的第一段裡，即亞當史密斯在《國富論》當中，所探討的關於財富的定義以及來源的問題。也就是說，亞當史密斯將生活必需品（neccessaries）與便利品（convenience）這類物質上的財富視為一個研究主題。另外，他也明確的闡述了創造出財富的資金即是勞動。並進一步的說明，國民所需的生活必需品與便利品，不只有國產品而已，也包含外國商品在內。而且，《國富論》裡所探討的也包括了國外貿易經濟，亦即「開放經濟」。

從第二段裡則可以了解國家財富的定義。亞當史密斯提到，國家的財富狀況可藉由全體消費人口所分配到的生活必需品及便利品的總數量來表示。

在第三段裡，國家的財富狀況可以透過（1）勞動生產性，以及（2）生產性勞動與非生產性勞動的比例，這兩個條件來表示。所謂生產性勞動，是指直接從事生產生活必需品與便利品的勞動；所謂的非生產性勞動，則是指不直接從事生產生活必需品與便利品的勞動。例如，在農地或工廠工作的勞動者的勞動則屬於生產性勞動，而為地主工作的僕佣們的勞動則是屬於非生產性勞動。其他諸如歌手、演員、教師、律師、政治家、公務員、士兵等等的勞動，也包含在非生產性勞動當中。

無論這些勞動會帶給人們多少歡樂，或者是得到多大的社會尊重，但由於不是直接生產出生活必需品及便利品，所以就屬於非生產性勞動。

依據亞當史密斯的看法，為了要增進國家財富，就必須要提升勞動生產力以及提高生產性勞動的比率。這也是與國家的財富狀況有關的最基本的一般原理。雖然風俗民情各有不同，但為了要增進國家財富，那是所有國民都必須要遵守的一般原理。

第一編——分工

在「序言」的開端，亞當史密斯就闡述了財富的定義與來源，以及富裕的一般原理，之後並將《國富論》分成五編。他將第一編「論勞動生產力的改善原因，及勞動產出自然分配於各社會階級的法則」歸納如下。

生活必需品與便利品的供給是否豐足，是取決於這兩個條件（勞動生產性以及生產性勞動與非生產性勞動的比例）。而第一個條件對生產物的產量多寡的影響，似乎又比第二個條件來得重要。在未開化的狩獵民族或是漁獵民族裡，每一個有工作能力的人或多或少都在從事著有用的勞動。而且都盡可能的努力提供自己，以及族裡不事生產的老弱婦孺們生活必需品與便利品。然而，那些民族卻因為過度貧窮，經常不得不直接殺害嬰兒、老年人和久病纏身的家人，或者是對那些人放任不理，任他們餓死或被野獸吃掉。

相反的，在文明繁盛的民族裡，大多數的人都無所事事，但他們的消費量卻比大部分的勞動者高出十倍，甚至百倍。但是，由於整個社會的總產出產相當可觀，所以足夠供應給所有人，即使是生活最貧困的勞動者，只要勤儉的話，他們便能比未開化民族的人們享受到更多的生活必需品與便利品。

本書的第一編即在討論勞動生產力改善的原因，以及勞動產出自然分配於各社會階級的法則。

亞當史密斯認為，影響國家的財富狀況的二個條件當中，最重要的是提昇勞動生產力。他並且在第一編裡表示，藉由分工以大幅提高勞動生產力。因此，對亞當史密斯而言，增加國家財富的原動力即是分工。他將尚未運用分工的野蠻社會與活用分工的文明社會相互做比較。在野蠻社會裡，有工作能力的人全部從事勞動，並將所有產出物則盡可能的平均分配給所有社會成員。然而，因為勞動生產力過低，產出物總量並無法供應給所有成員。為此，嬰兒、老年人、病人等毫無工作能力的人當中，有一部分的人就只能等死了。

另一方面，在文明社會裡，有些人具有工作能力卻不從事勞動，但也分得了一部分的產出物。野蠻社會也好文明社會也好，都存在著不公平。但是，在文明社會裡，因為勞動生產力高，所以產出物的總量足以供應給全體社會成員。就算是位於社會最底層的基層勞動者，所需要的生活必需品與便利品也比野蠻社會的人們多得多了。對亞當史密斯來說，所謂增進國家財富，並不是只要增加國民所能消費的生活必需品與便利品的平均量就好了，也要增加社會最底層的基層勞動者所能消費的生活必需品與便利品的數量，亦即增加最低水準的財富。

第二編——資本積蓄

在第二編「論資本積蓄的性質、累積與用途」裡，針對影響國家財富的第二個條件，即生產性勞動與非生產性勞動進行探討。亞當史密斯對第二編做了如下的敍述。

在任何一個國家，在該國的勞動生產力上，不論實際上運用何種技巧、純熟度以及判斷力，在既定不變的情況下，每年產出物的多寡必定取決於全國勞動人口中從事有用勞動的比例。在後面文章裡會說明，不管在什麼地方，有用的生產性勞動者人數，都取決於推動這類勞動工作的資本數量和資本的實際使用方法。因此，在本書第二編裡，將說明資本的性質、資本累積的方式，以及資本使用方式的不同，所推動的勞動量又會有何差異。

亞當史密斯認為生產性勞動占一個國家全體勞動人口的比例多寡，是依據用以雇用生產性勞動力所需要的資本量而定。因此，對亞當史密斯來說，繼「分工」之後，能夠促進國家財富的就是「資本量」。在第二編裡，就以這個觀點來探討資本積蓄的結構。

第三編——自然的經濟發展順序與現實的歷程

在第一編與第二編中所探討的是關於富裕的一般原理，即所有的國民都必須遵從的自然的原理。因為第三編「論各國家增進財富的過程之差異」也在第一章「論國家財富增加的自然過程」裡，就投資順序（即農業、製造業、國外貿易的順序）進行探討，所以可以將其包含在一般原理的說明當中。然而，在第二章「論羅馬帝國滅亡後，歐洲古代國家農業發展的阻礙」、第三章「論羅馬帝國滅亡後，各都市的興起與發展」，以及第四章「論都市商業活動如何促進農村的改良」卻表示，從實際的歷史過程來看，資本並非依照自然的順序投入的。亞當史密斯敘述如下。

一些在勞動生產力上所運用的技巧、純熟度以及判斷力都已經相當進步的國家，在一般性勞動的管理與引導方面，採取了大不相的政策。而那些政策未必就代表全然有利於產出物的增加。有些國家對農村產業有特別獎勵政策，而別的國家則是鼓勵都市產業。從古至今，幾乎沒有任何一個國家，會對各種產業的發展都一視同仁的。羅馬帝國滅亡之後，歐洲各國所採行的政策，相較於屬於農村產業的農業，通常更重視的是屬於都市產業的手工藝業、製造業、商業等等。在本書第三編中將說明這種政策的由來。

羅馬帝國滅亡後，在歐洲各國所推行的經濟政策或產業政策，都對製造業或商業有特別的優惠待遇。亞當史密斯認為，那些政策並不會以最快速度促使該國國民所消費的生活必需品與便利品的平均數量，或者是該國最底層的勞工所消費的生活必需品與便利品的數量大幅增加。他並認為，應該要對所有產業的發展都一視同仁，那麼，經濟就會自然而然的依照農業、製造業、國外貿易的順序發展下去，而且也會以最快速度增加國家財富。

第四編——重商主義體系

亞當史密斯認為錯誤的經濟政策，會導致產生錯誤的經濟學體系（systems of political economy）。第四編「論各種經濟學體系」裡將探討些錯誤的經濟學。

各種政策也許最初是因為某些特定人士為了個人利益或偏見而去推行的，而對於那些政策是否會影響到社會全體的福利，他們從未曾有遠見，也未多加考慮。但是，那些政策卻引發了許許多多大不相同的經濟學說。在那些學說當中，有些是強調實行都市產業的重要性，有的則是強調實行農村產業的重要性。那些學說不只對學者的意見產生了影響，也左右了主政者或國家政策。在第四編當中，我將盡我所能，詳細的解釋那些學說，並說明它們對各時代或各國家所產重要影響。

亞當史密斯主要批判的經濟學說是「重商主義體系」（mercantile system）。所謂「重商主義體系」是將金幣、銀幣等貨幣視為是財富，並採取在進行國際貿易時能夠產生貿易盈餘的政策，以增加貨幣的經濟學說。亞當史密斯認為，重商主義政策是藉由因貿易盈餘政策而獲得利益的人的利益與偏見所造成的。就如同在法學歷史中，為了政府的利益與特定階級的利益，而制定出與自然法學大不相同的制定法一樣，在經濟學的歷史中，也創造出了與一般原理有所不同的經濟學體系。

亞當史密斯認為，以美洲大陸為中心的殖民地貿易，是歐洲重商主義政策當中的一個政策。他第四編裡，針對歐洲在美洲大陸建設殖民地的原委，以及殖民地從歐洲所得到的利益與損失進行考察。而無論從哪一個觀點來看，歐洲在美洲大陸建設殖民地的動機完全不值得被讚揚，這也代表了，除了損失以外，殖民地並未從歐洲得到任何的好處。

第五編——財政

從第一編到第四編，主要的討論對象是國家財富，而在第五編「論主政者或國家收入」裡，則針對政府的支出與收入進行探討。在序言的最後一段中，亞當史密斯對此做了以下的敘述。

前面四編的目的在說明國家收入來源，並說明供應給各時代、各國家每年消費的資源具有何種性質。相對於此，最後的第五編則是在說明主政者或國家收入。在這一編裡，我將努力說明以下各點：第一、對主政者或國家而言，何謂必要費用，還有，其中哪些部分應該出自社會全體所負擔的稅賦，哪些部分又應該是出自社會某一特殊階級或成員所負擔的稅賦；第二、如何募集來自社會全體的納稅人應負擔的費用，那些募集方法又有何利弊；第三、幾乎所有的近代政府都發行公債以增加收入的原因為何，而公債對於真正的財富，即社會土地與勞動每年所生產的產出物會有什麼影響。

亞當史密斯認為，社會在自然的繁榮發展過程中，同時間政府也需要更多的經費以推動國防、司法與公共事業的發展。而政府要籌措那些必要費用有二個方法，就是稅收與公債。在第五編裡，在討論與政府的支出和收入相關的一般原理的同時，也針對在實際的歐洲歷史中，各國政府是如何濫用經費、如何加重人民賦稅、如何輕易的倚賴公債等等毫不遵守一般原理的情形進行考察。並討論這些錯誤的財政政策，導致阻礙了原本應該會為國民帶來富裕生活的財富。

亞當史密斯認為，存在於歐洲各國的財政問題，是因為歐洲各國在美洲大陸都擁殖民地所致。歐洲各國為了維持並保衛未帶來任何利益的殖民地而浪費了大量的錢財。基於這個結論，亞當史密斯在《國富論》的最後一部分，針對在《國富論》出版的前一年所發生的事，也就是英國對於美國殖民地的判亂應該採取的對策做了說明。

在《道德情操論》裡所預告的《國富論》的「序言」

以上是藉由「序言」來說明《國富論》的概略。亞當史密斯在《道德情操論》的最後所談到的公共政策、公共收入、軍備國防相關的一般原理當中，與公共政策有關的是第一編到第四編，與公共收入和軍備國防有關的是第五編。另外，就如同亞當史密斯在《道德情操論》裡談論到與正義（秩序）相關的一般原理在實際的歷史中被曲解了一樣，在《國富論》裡也談到了與財富（繁榮）相關的一般原理在實際的歷史中也被曲解了。像這樣，亞當史密斯在《道德情操論》的最後所說明的關於一般原理的基本見解，以及所預告的主題，都出現在《國富論》當中。在以下的各章節中，將對《國富論》的議論做更詳細的檢討。

第五章　社會繁榮的一般原理（1）——分工

1　分工與市場

分工的效果

繁榮的一般原理，換言之，為了增加物質上的財富，所有社會都必須遵守的自然原理，就是分工與資本積蓄。而其中對於增進財富而言，最重要的一般原理就是分工。亞當史密斯以別針製造業為例，說明在一間工廠裡，與其讓一個勞動者去做所有的工作，倒不如將工作分配給每一位有專業技術的勞動者去做，反而更能夠提高生產力。同樣的，在一個社會裡，比起由一個人擔負起所有的職務，倒不如將職務交給給具有專業能力的人去執行，更能夠提高社會整體的生產力。

亞當史密斯所重視的分工，不只是提升社會整體的生產力而已，也要將多出來的生產物廣泛的分配給社會最底層的人們。亞當史密斯論述如下。

在文明國家裡，即使是位在社會最底層的人們，透過數千人的協助，〔中略〕他會得到一般的生活水準。的確，與高社會地位的人那種過份的奢華相比，社會最底層的人們所要求的生活水準確實是單純而簡單的。但是，在歐洲的一般王公貴族的生活水準勝過任何一個勤儉農夫的程度，也或許遠不及那些農夫們勝過許多非洲國王的生活水準的程度。（《國富論》第一編第一章）

像這樣，分工所帶來的效果就是使得社會最底的人們的生活，足以與野蠻社會的國王的生活水準並駕齊驅，甚至更勝一籌。

交換傾向

亞當史密斯認為，會促使社會進行分工，是因為人性中具的「交換傾向」（propensity to exchange）的特性存在。關於交換傾向的敍述如下。

引發出許多利益的分工，原不是人類智慧的結果。沒有人一開始就知道分工會帶來普遍的財富，也沒有人刻意要利用分工讓社會獲得富裕。分工的形成，是因為人性當中有某種以物易物的傾向。這種傾向的作用雖然是漸進而緩慢的，但會形成分工也是這種傾向會造成的必然結果。這種本性，是不是一種不能進一步分析的本能，或者更確切地說是不是理性和言語能力的必然結果，這不

屬於我們現在研究的範圍。（《國富論》第一編第二章）

應該要注意的一點是，亞當史密斯認為，分工並不是交換的原因，交換才是分工的原因。在實行分工的社會裡，每一個人都只生產少數或是單一種類的物品。每一個人無法只靠自己所生產的物品維生，所以就會市場裡利用自己生產的物品與別人所生產的物品做交換。乍看之下，分工似乎是促使分工的原因。然而，依據亞當史密斯的看法，分工與交換間的因果關係是全然相反的。因為原本人性之中就存在著一種想和別人交換東西的傾向，而為了順從這種傾向，便形成了一個真正的交換場所，為此，人們便下定決心只專事某種單一物品的生產。若是人們不知道交換的場所是否存在的話，也就不用承擔只生產單一物品的風險了。為了促進分工，就要事先形成一個交換的場所，也必須確信，即使帶更多的物品到交換的場所去也能夠順利的找到買主。

說服傾向

那麼，人類的交換傾向就是促成分工的最終原因嗎？在引用文章當中，亞當史密斯也闡述了交換傾向是「理性和言語能力的必然結果」的想法，比起「一種不能進一步分析的本能」的想法「更被人所接受」。但是，他也在《國富論》裡表示「不屬於我們現在研究的範圍」來迴避這個問題。

另一方面，《國富論》在出版之前，亞當史密斯在格拉斯哥大學教授相關課程，學生所抄寫的筆記內容如下。

> 交換傾向的真正基礎，是人性中一種支配性的說服傾向。為了要說服他人而被提出質疑時，通常期待會有合理的效果。如果有某個人提出了某種與月亮有關但不見得是正確的主張，他也會對於可能會遭人反駁而感到不安。但是，如果當他知道了，他想說服的那個人的看法也和他一樣的話，他一定會感到高興的。因此，我們應該要培養出優秀的說服能力，而事實上，我們在毫無刻意的狀況下也是如此做。正因為我們用花費了一生的時間在訓練自我的說服能力，所以，我們才能找到物物交換時所需要的方法[1]。

成為交換傾向原因的人類能力，在《國富論》裡的說明是「理性和言語能力的必然結果」，但在《法學講義》裡則是以「說服傾向」（principle persuade）來說明。我們會和別人交換語言。其目的是為了向對方傳達自己的情感、意志及想法，以博得他人的同感。在引用文章裡，舉了某個人發表關於月亮但不確定的言論的例子。他如果能得到他人的同感便會覺得很高興，反之則會覺得不安。他為了博得他人的同感而努的用言語來表達他的意見。所謂的說服傾向，是存在於人性中，一種為了博得他人同感，而與他人交換語言的傾向。因此，說服傾向的前提，可以說是人類的一種「同感」的能力。

若是基於說服傾向可以發展出語言交換的關係，那麼說服傾向也應該能夠發展至物物交換的關係。也就是說，應該能夠形成「我把我有的東西，拿去和你交換吧」這種相互說服彼此的關係吧。我藉由說服對方認同我的提案，以得到對方的東西。而對方也是同樣的想法。當兩者間彼此認同對方的提案，換言之，兩者的提案是一致的時候，那麼物物交換的關係便成立。像這樣的交換是建立在彼此的同感之上的。

將市場當作互惠場所

人與人之間相互交換物品，是為了要確保自己的生存與改善生活環境。亞當史密斯認為，人類沒有別人的幫助是無法生存下去的，他在《道德情操論》裡做了以下的敍述。

人類社會的所有成員都需要互相幫助，同時也會互相傷害。如果人們提供必要的幫助，是基於愛情、感謝，還有友情與尊敬的話，那麼就會促進社會的繁榮，使人們都得到幸福。〔中略〕但是，即使那些必要的幫助是並不是出自於我們的寬容與無私的動機，又即使每個社會成員之間沒有愛與情義，雖然那樣的社會是比較不幸福的，但也不至於成社會的瓦解。

即使社會成員之間沒有愛與情義，只要眾人對社會的效用有共識，社會仍存在於人與人之間，就像存在於不同的商人之間那樣，完全沒有任何的愛或情義關係。雖然社會中每一個人對任何一個人沒有虧欠的義務，或是應該要有什麼感激之心，但是社會仍可依據一種一致性的評價，透過圖利性質的互惠行為而維持下去。（《道德情操論》第二部第二編第三章）

人類從出生到死亡，為了生存都必須要受到別人的幫助。若是他人出自於愛情、感謝、友情和尊敬而給予我們必要的幫助的話，那對我們個人而言，就會是個幸福的人生。而且，那樣的社會也是個最好幸福的社會。不過，這種不求回報的幫助，我們只能夠期待從家人或至親好友那裡得到，對於與我們毫不相干的人，是不敢有這種奢求的。如果要從完全不認識的人那裡得到幫助的話，不是去搶奪那個人的物品，就是成為那個人的奴隸。但是，還有另一個方法，那就是──我給你你所需要的物品，那你也要給我我所需要的物品──像這樣去說服對方。換句話說，就是把自己對他人的幫助與他人所給予的幫助相互交換。亞當史密斯的看法是，交換是對他人完全不具情感成份存在，反而是因為愛自己而與他人進行交換。

我們每天能夠有食物可以食用，不是因為出於肉販、酒商或是麵包師的善心，而是因為他們為了獲得利益而做的打算。我們訴諸的不是他們對人們的慈善心，而是他們的自利心態。我們不會

向他們說出自己的需要，只會說他們得到了什麼利益。（《國富論》第一編第二章）

以我患了重病為例來做說明。我的家人或親友一定會為我擔心而且會盡心盡力的照顧我。如果家人親友當中有人懂得醫理或有醫護能力的話，或許就能救我一命。對我而言，我需要的是專業醫生的照護。如果醫生是我不認識的人，就不能期待得到他不求回報的幫助。但是，和我一樣，醫生也有為了要求生存，並改善生活環境的利己心。因此，醫生也從我所支付的看病費用接受我的幫助。如此一來，我便能更加確定自己的生存，而這種可能性，便是源自於同樣都擁有利己心的我和醫生之間，相互交了對彼此的幫助。

所謂的交換，是基於同感、說服傾向、交換傾向，還有利己心等人類所有的能力或特性所進行的互惠行為。而所謂的市場就是多數人相互交換幫助的場所。因此，市場原本就是一個互的場所，而不是競爭的場所。

競爭與商業社會

但是，朝向「通往財富之路」前進的人們因為進入了市場，彼此間才產生了競爭。朝向「通往財富之路」前進的人們，希望從自己的付出中得到應得的報酬，亦即，盡可能的從別人那裡得到許多的幫助，並將它們存積下來。如果希望得到更多的報酬的話，和與自己提供相同服務的人，我們就必須將比他品質更好的服務，以更便宜的價格大量提供給他。如此一來，市場裡就會產生競爭。對社會全體而言，競爭不定一會帶來不好的結果。透過競爭，品質差又貴的服務就會被排除在市場之外。而品質好又便宜的服務就會被大量提供。競爭可以說增進了互惠行為的品質與數量。

然而，為了確保這種情況，就必須在基於公平競爭的原則之下進行競爭活動。換句話說，競爭者之間必須秉持不虛偽、不勾結、不搶奪，且遵守正義的原則而相互競爭。雖然說，加入市場的人們藉由提升服務品質或降低價格而在競爭中獲得勝利是被允許的行為，但若是因為欺騙交易對象或妨礙他人而在競爭中獲得勝利是不被允許的。所謂的獨占，就是為了要維持自己處於優勢地位，便採取某種手段去妨礙別人進入市場，並較高的價格強制將服務推銷給交易對手。當參與市場進行互惠行為時，要遵守不強取他人財物以及不要去奴役他人的原則。只要所有市場參與者都遵守這個原則的話，那就不應該會產生獨占的情形。

亞當史密斯認為，要進行分工，首要的就是必須要有市場。但是，那個市場是不受獨占所支配，而是必須要遵照公平競爭精神的市場。有公平的市場，而且也提高服務品質並獲得好評的話，才能被認為是一個能獲得正常報酬，且具有前瞻性的市場，那麼才有可能開始進行分工。因為具有這樣的前瞻性，社會的分工才會進步。一旦分工型態確定的話，那社會的所有成員就能夠藉由他人勞動所生產的物品來維持自己的生活。亞當史密斯將這種社會稱為「商業社會」（commercial society）。

> 分工的型態一旦完全確立了之後，任何人自己所勞動生產的物品，就只能滿足他所有欲望中的極小部分而已。要滿足他大部份的欲望，就必須將他自己所生產的物品剩餘的部分，與他人交換自己所需要的部分。於是，每個人都要依賴相互交換生產物以維持自己的生活。換句話說，在一定程度上，所有人都變成了商人，而整個社會也就成為商業社會了。（《國富論》第一編第四章）

商業社會也可以說是一個市場社會。那並不是靠愛情與仁慈就能維持的社會，而是由利己心所維持的社會。但是，也不是只有利己心而已。市場社會也同樣是依賴遵守公平競爭原則的正義感、使交換成為可能的交換傾向，以及說服傾向來維持。正義感、交換傾向與說服傾向都是建立在人類的同感基礎之上，因此，我們可以說，維持市場社會的根本就是利己心與感受他人的各種情緒之後也產生同樣感覺的情緒能力——同感。

2　價格的變動

市場價格與自然價格

在遵守公平競爭原則的市場裡，提供服務的報酬率，即商品價格是如何變動的呢？關於這個問題，可以亞當史密斯的說歸納如下。

首先，亞當史密斯認為實際價格與市場價格（market price）是一致的。所謂的市場價格，是當市場裡的供給與需求達到一致時所決定出的價格。如果實際價格低於市場價格的話，那麼需求就會大於供給。結果，有需求的人就像是擔心會買不到該商品一樣，即使價格再高也會接受。相反的，如果實際價格高於市場價格的話，那麼供給就會大於需求。結果，供給者為了避免因賣不出去而遭受損失，就寧可降低售價。如此一來，實際價格就會因為需求者之間的競爭與供給者之間的競爭而與市場價格達到一致。

另一方面，所謂的自然價格（natural price），是指工資、利潤、地租的自然率所構成的價格。工資、利潤、地租分別是給付給勞動、資本、土地等生產商品時的必要服務的報酬。而它們的自然率就是在該社會裡的一般的平均報酬率（每一個服務單位的報酬）[2]。生產某商品一單位所必須的勞動、資本、土地的量取決於技術性，將那些量與工資、利潤、地租的自然率相乘的話，就能夠得知該商品的自然價格了。[3]

如果這個商品的市場價格高於自然價格的話，工資、利潤、地租的自然率就會提高。而生產這個商品的部門也會成為比其他部門有更高報酬率的部門。因此，勞動、資本、土地的服務的提供者，就會離開其他部門，加入這個部門。結果這個商品的供給量會全面性增加，導致市場價格低落。相反的，如果這個商品的市場價格低於自然價格的話，工資、利潤、地租的自然率就會降低。而生產這個商品的部門就會成為比其他部門報酬率更低的部門。因此，勞動、資本、土地的服務的提供者，就會離開這個部門，加入其他部門。結果這個商品的供給量會全面性減少，造成市場價格上昇。

如同這樣的狀況，在長時間內，所有商品的市場價格都傾向與其自然價格一致[4]。因為實際價格與市場價格是一致的，所以我們也可以說，實際價格也傾向與其自然價格一致。

市場機能與條件

在亞當史密斯的說明裡應注意的有四點。

第一、市場就是要提供價格合理且種類豐富的商品給所有有需要的人。如果人們對某種商品的需求量增加的話，那市場價格會高於自然價格。但是，又會因為其他部門投入了勞動、資本、土地使得供給增加，最後市場價格又會再下降到與自然價格一致。因為沒有任何人願意提供低於自然價格的價格，所以便實現了可能的最低價格，亦即對買方而言是最合理的價格。而市場價格下降的結果，使得最初想買但因為價格太高而買不起的需求者能夠順利的買到該商品[5]。

第二、在一個市場中，沒有任何一個人是可以永遠保持在優勢地位的。隨著對某商品的需求急遽增加，市場價格便會高於自然價格。或者是，生產者因為技術革新而降低了生產成本，自然價格就會低於市場價格。無論在哪一個情況下，該部門的工資、利潤、地租的自然率就會提高。但是，這個部門所佔的優勢也只是一時的而已。當其他部門投入了勞動、資本、土地之後，該部門最終會失去它原本的優勢。市場有防止特定參與者持續保持著相對的優勢的意味存在，也可以說，市場具有促進公平化的機能。

第三、支援這些市場機能的是市場參與者的利己心。例如，當需求過剩時，需求者害怕買不到，所以願意以更高的價格去購買。相反的，供給過剩時，供給者擔心賣不出去而遭受損失，所以願意以更低的價格出售。另外，勞動、資本、土地的提供者都希望提供具有高報酬率的服務。這些全都是當事者基於利己心而為的行動。擁有雇用勞動需的資本的人，會考慮去投資哪一個部門呢？亞當史密斯針對這種情況進行推測，並闡述如下。

> 無論是任何一個人都盡量把他的資本用來支持國內產業，為了使其生產物都能達到最高價值，

他必然會竭盡全力的使社會收入增加。的確，每個人原本並不打算促進社會的公共利益，也不知道自己在何種程度上促進那種利益。〔中略〕每個人在這個場合裡，就像在其他多數的場合裡一樣，受到了一隻看不見的手的引導，去達成原本非個人本意的目的。但也不能說因為非出自本意，就會對社會造成傷害。每個人所追求的利益，往往比在他出自本意的情況下，更能夠有效的促進社會利益。（《國富論》第四編第二章）

這段文章裡是《國富論》一書中，唯一提到「一隻看不見的手」這個詞的地方。在這裡所說的「一隻看不見的手」，就是調整市場價格機制的意思。亞當史密斯認為，每個人的利己心會透過調整市場價格機制而促進社會的公共利益，並且提高互惠品質與量。

第四、市場為了促進公共利益，市場參與者不只有利己心，也必須要遵守公平競爭的精神。當需求過剩時，實際價格會上漲，是因為沒有一個需求者會與供給者相互勾結，以尚未漲價的價格去購買。而當供給過剩時，實際價格會下降，是因為沒有一個供給者會與需求者相互勾結，以尚未下降的價格銷售給需求者。另外，市場價格與自然價格會一致，是因為勞動、資本、土地可以在各部門之間自由移動。而會有這樣的可能性，也是因為無論哪一個部門都不會對勞動、資本、土地的投入做出人為的妨礙。亞當史密斯認為，當供給獨占時，或是賦予足以與占相抗衡的特權時，那麼就能維持高於自然價格的市場價格。

法定同業組合所有的特權、關於學徒制度的法令，以及所有實際上限制人們自由參與某些特定行業競爭的法律，即使程度比較輕微，但是都會產生獨占現象。然而，不論程度的輕微與否，它們都可以說是一種擴大的獨占，往往會使某些特定行業的商品市價能持續長久地超過自然價格。同時使生產這些商品的勞動工資與資本利潤，稍微高過自然報酬率。只要相關的管制法規持續具有效力，市場價格高於自然價格的情況就會繼續存在。（《國富論》第一編第七章）

如上所述，市場為了因應每個人的需求而提供了價格合理且種類豐富的諸多商品，而且也防止特定的市場參與者一直獨占市場優勢。保障這些機能的是遵循公平競爭原則的競爭行為。因為人為的法令規定而賦予特定的市場參與者特權時，或者是違反了公平競爭原則時，那麼市場就無法發揮出其原本的機能了。

3　貨幣的功能與影響

金屬貨幣的普及

亞當史密斯認為，在擴大市場的同時也發現了貨幣。貨幣是一種非常方便的交易工具。在沒有貨幣的時候，即在物物交換的場合裡，若是不符合自己的欲望就無法以物易物了。例如，我擁有小麥，當我想要衣服時，就會在市場裡尋找需要小麥的人。但是，如果需要小麥的那個人所擁有的不是衣服，而是鞋子時，那交易就無法成立。因為我想要的是衣服不是鞋子。如果現在有貨幣的話，那這個問題就能夠解決了。因為所謂的貨幣，就是無論哪個市場參與者都會高興的接受並且信任的一種商品。我把小麥賣給需要它的人，並收取貨幣。然後，我再利用這些貨幣去向擁有衣服的人買衣服。像這樣，貨幣在市場裡促成交易成立的可能性就大幅的提高了。事實上，在所有的市場社會裡發現了貨幣，也使用貨幣。而且，為了尋找適合做為貨幣的商品，最終則選擇了黃金與白銀[6]。

會選擇黃金或白銀做為貨幣是有合理的理由的。首先，它們不易磨損，而且也是最佳的保值工具。如果與將家畜當做貨幣來使用的情況相互比較一下，就會很明顯的了解其中差異了吧。另外，黃金或白銀比起家畜，不但攜帶方便，也更適合做為交易工具。而且，由於黃金或白銀是深藏在礦山深處，稀少又不容易得到。也因此它們是最適合做為任何人都會高興接受的商品。如果貨幣也像砂子或是貝殼那樣垂手可得的話，那就無法成為所有人都喜愛的商品了。

貨幣幻覺的產生

隨著市場的擴大，黃金或白銀也被廣泛的被用來當作交易的媒介。所有商品的價格，就以用來換取該商品一單位所需的黃金或白銀的重量來表示。也因為如此，會讓人們產生一種堅信貨幣就是財富的幻覺（貨幣幻覺）。人們都喜愛黃金或白銀，也會想要得到它們，並且認為如果自己所擁有的貨幣數量增加的話，自己也會變得很富有。事實上，真正具有價值的並不是貨幣本身，而是它們可以用來交換生活必需品與便利品。儘管如此，人們還是認為黃金或白銀本身具有真正的價值。

有這樣的幻覺，並不是只有個人，就連管理國家財政的為政者也如此認為。事實上，近代的歐洲各國的貿易盈餘，其實是人為產生的。因為它們實行了使一個國家所保有的金屬貨幣數量增加的經濟政策，即採取重商主義的經濟政策。的確，一個國家保有的金屬貨幣量增加的話，除了金屬貨幣，其他所有商品的名目價格比例也會上昇，那麼這個國家的財富，即生活必需品與便利品的合計的名目金額也會增加。然而，如果其他情況不變的話，這個國家的財富本身的總量並不會有任何變化。而且，黃金或白銀幾乎沒有取代生活必需品與便利品的功能。因此，即使金屬貨幣的數量增加了，也不會改善該國國民的生活。當然，可以利用貿易盈餘所得到的黃金或白銀，去向國外購買生活必需品與便利品，或是購買國防武器。但是，如果那些都是真正有需要的話，最好從一開始就從國外進口。另外，如果國內的貨幣量增加，所有商品的名目價格上昇的話，就會削減出口貿易的國際競爭力，如此一來，貿易盈餘最後便會消失。

從增進國家財富的觀點來看，重商主義政策並不是一個好的政策。進而從促進人類全體繁的觀點來看的話，人們的勞動不是為了生產生活必需品與便利品，只是為了拿它們當做交換媒介去換取黃金和白銀，或是只為了互相搶奪，這都是愚昧的行為。重商主義政策是建立在「貨幣代表財富」的幻覺之上的政策，也可以說是，把「被稱讚」錯當成「值得稱讚」的屬於「弱者」的經濟政策。《國富論》的其中一個目的，是將人們從這種幻覺中喚醒，並引領人們遵循可以帶來真正財富的一般原理。

註釋

1 《法学講義》二八二頁。但引用文並非按照翻譯文。

2 史密斯認為，工資、利潤、地租的自然率，會隨著社會處於進步、穩定或是衰退的狀態而有所改變。

3 舉例來說，假設一個社會的工資、利潤、地租的自然率分別為一〇〇〇日元／小時、百分之五、五〇〇日元／平方公尺，同時假設生產某個商品一單位所需投入的勞動時間為一個小時，資本額為一〇〇〇〇日元，土地為一〇平方公尺。那麼，此時該商品的自然價格便為一〇〇〇日元×一＋〇・〇五×一〇〇〇〇日元＋五〇〇日元×一〇＝六五〇〇日元。若該商品的市場價格高於六五〇〇日元的話，那麼工資、利潤、地租全部，或者是其中某項所得到的報酬就會高於自然率。相反的，若是市場價格低六五〇〇日元的話，那麼工資、利潤、地租全部，或者是其中某項所得到的報酬就會低於自然率。

4 史密斯將某個人有意願支付自然價格購買某一商品的需求，稱之為「有效需求」（effectual demand）。當供給與有效需求一致時，市場價格就會與自然價格一致。而當供給小於有效需求時，市場價格就會高於自然價格。反之，當供給大於有效需求時，市場價格便會低於自然價格。因此，所有商品的市場價格與自然價格趨於一致時，就表示所有商品的供給與有效需求也趨於一致。

5 史密斯認為，獨占價格是有可能實現的最高價格，自然價格是有可能實現的最低價格，並敘述如下。「獨佔價格是無論在任何場合都能獲得的最高價格。相反的，自然價格，即自由競爭價格，是雖然不見得在所有場合，但經過一定的時間所能獲得的價格，換句話說，也就是買方願意支付的最高價格。自然價格，指的就是賣方可以欣然接受，同時工作也能夠繼續進行下去的最低價格。」（《國富論》第一編第七章）。

6 請參照《國富論》第一編第四章。

第六章　社會繁榮的一般原理（2）——資本積蓄

1　分工與資本積蓄

分工之前的資本積蓄

增加財富的第二個方法就是資本積蓄。亞當史密斯認為，為了要推行分工，在分工之前就必須先累積一定程度的資本。

按照自然原理，各種物品的累積必然先於社會分工，只有當事先存蓄的物品種類越豐富，分工才能夠越細密。而分工越細密，同一數目的工人所能處理的加工材料，將會依更高的比例增加。由於每個人所擔任的工作變得越來越簡單，便有各種新機械發明出來，使得工作的難度降低或工作更為方便。因此，當分工越來越細密時，為了不減少雇用勞工的人數，就必須要預先儲存累積相同數量的食物；而事先累積的材料和工具數量，也必須要比在分工尚未如進步時所需要的數量要再多

一些。（《國富論》第二編序論）

亞當史密斯認為，在一間工廠裡，與其把每個部門的工作都交給一位工人去做，不如依照每個工人的專業分派到適合的部門，如此一來，每一位工人一天所的勞動生產量便會增加。然而，為了利用分工來實現增加生產量的目的，就必須事先準備好更多生產時所需的材料。例如，為了增加別針的產量，就需要更多的金屬線。另外，由於分工，所需要的工具或機械的種類與數量就會增加，所以為了充分達到分工的效果，就必須事先將必要的工具與機械準備好。這個觀念也適用於社會分工。因此，若是社會全體的生產物只足夠分配給所有成員的，那麼就無法進行分工。要想實行分工，就要生產出比所有社會成員必須的物品量還要更多的量的才行，換言之，必須要的剩餘的生產物，並且把那些剩餘的生產物都存積下來才可以。

人類為了要真正的從野蠻社會進化到文明社會，在實行分工之前，要先形成一個交易場所，同時也必須要累積一定程度的資本。

2 階級社會與資本積蓄

社會的三個階層與生產物的分配

在《國富論》一書中，亞當史密斯將文明社會假設是一個階級社會。一個社會主要是由地主、資本家、勞動者三個階層所組成的。地主是擁有土地的階層；資本家是擁有原料或供應給勞動者的食材等等流動資本以及工具或機械等固定資本的階層；勞動者則是除了自己的勞動力以外，什麼都沒有的階層。生產是要由土地、資本、勞動才能運作的。而將生產活動組織起來的就是資本家。資本家向地主租借土地、雇用勞工，並使用自己的資本以進行生產活動。然後，支付地租給地主、支付工資給勞工，自己則賺取利潤。

就像這樣將社會所有的生產物分配給這三個階層的人。分配狀況則取決於用以生產的土地、資本與勞動的量，以及工資、利潤與地租的高低。因為長時間下來，所有商品的市場價格會與自然價格一致，而地租、利潤、工資也都自動會調整至自然率上，所以，分配時就依照生產時的土地、資本以及勞動各別的使用量，也可以說是依照地租、利潤、工資的自然率去做分配。

亞當史密斯認為，當財富持續增加時，工資的自然率就會提高，反之，則會降低。當財富持續增加時，用來雇用勞工的資金也會增加，以雇用更多的勞工。工資上漲，「一般人所能接受的最低工資率」（《國富論》第一編第八章）也會上昇。結果人口就會增加。由此可知，高工資，是財富增加的結果，也是人口增加的原因[1]。相反的，低工資就是財富減少的結果。亞當史密斯對於財富減少，雇用降低時的勞動狀況做出以下的闡述。

> 勞工階級之中，生長於上層階級的人，或許是因為在原本可以選擇的職業裡找不到工作，才轉而謀求最下層的工作。然而，最下層的工作，也因為不是只有原本的工作人口，還有所有其他階級所湧來的工作人口，而顯得人力過剩。這使得尋求僱用關係的競爭變得激烈，因此才讓工資，甚至連勞工最慘困而貧乏的生計，都隨之水準降低。或許很多人就是因為如此嚴苛的條件，而無法獲得雇用，於是挨餓或乞討，不然就是犯下不人道的極惡罪行，以求生存。（《國富論》第一編第八章）

對勞動力的需要減少，最低的工作所得會降到比「一般人所能接受的最低工資率」還要低，同時，也會引發失業現象。勞動者可以分為：從事某一項工作而能獲得賴以維生的最低收入的人以及連最低收入無法得到的人。後者則必須依靠他人的施捨，或者是利用不法手段才得以維生。勞動階層全體的生活水準降低便導致人口的減少。

成長的目的

基於上述的論點，亞當史密斯將他所思考的階級社會以圖6-1表示。社會是由地主、資本家、勞動者三個階層所構成的。地主屬於上流社會的人，他們擁有巨大財富與崇高地位。他們不需工作，只要將土地租借給資本家就能獲得收入，因此地主是非勞動階級。另外，地主是足以左右政治的支配階級，同時間，也是社會中其他各階層的人們所嚮往的貴族階級[2]。

資本家屬於中產階級，相較之下，他們不像地主那樣擁有巨大財富與崇高地位，但是他們擁有資金，並扮演了組織整個社會的生產活動的角色。資本家向地主租借土地，並支付相對的地租。另外，再雇用勞工，支付相對的工資。而資本家本身則是透過對生產活動的運籌帷幄而從中賺取利潤。資本家是具有野心的人。也就是有效的運用他們的資金，並儲蓄所得的利潤，以累積更多更大的財富，並冀望有朝一日能擠身上流社會的野心。

勞動者屬於下層階級。他們受僱於資本家，利用工資所得以維持生計。勞動者階級分為就業者與失業者。就業者是擁有工作，至少有最低所得收入，以維持一般生活的人。他們就像是在序章裡所提過的，威廉·賀加斯在《啤酒街》這幅畫裡所描繪的人們一樣。另一方面，失業者就是沒有工作，連最低所得收入也沒有，必須要依賴他人的施捨，或者是利用不法手段才得以維生的人。他們就像是在序章裡所提過的，威廉·賀加斯在《金酒小巷》這幅畫裡所描繪的人們一樣。他們無法過著像

圖 6-1　社會的三個階層

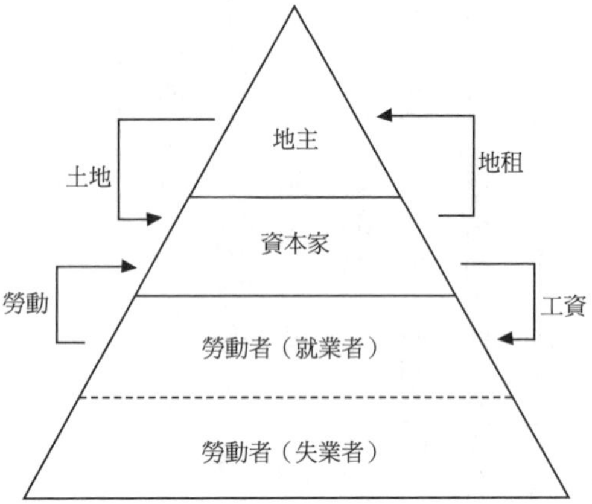

《道德情操論》（第一部第三編第一章）裡所提到的，「身體健康、沒有負債又問心無愧」的生活。他們不僅要忍受著貧困對他們的生活所造成的各種不便，還必須要忍受世人對他們的輕蔑與忽視。因此他們會灰心喪氣，心浮氣躁。在下層階級當中，能夠有多少比例的就業者，全端看資本家的資本積蓄而定。

將圖6-1與第二章第四節「通往美德之路與通往財富之路」裡所使用的圖2-2（80頁）左邊的三角形，即代表「通往財富之路」的三角形做對照比較。圖6-1中的「地主」與圖2-2中的「財富・崇高地位」相對應，圖6-1中的「勞動者（失業者）」與圖2-2中的「貧窮・卑微地位」相對應。「資本家」與「勞動者（就業者）」則是位於財富與貧窮，或是說崇高地位與卑微地位之間。從圖2-2當中可知，對於地主，世人會給予尊敬與欽佩；對失業者，會予以輕蔑與忽視。

再來，將圖6-1和表示「財富與幸福的關係」的圖2-1（71頁）做對照比較。失業者的狀態，與圖2-1的線段AB所呈現的狀態，即無法獲得最低水準的財富的狀態相呼應。在這個狀態下，「弱者」就不用說了，就連「智者」也會感到痛苦，甚至連些微的幸福都得不到。另一方面，在勞動者當中，從事最下層工作的就業者，則是處於如圖2-1的C點所表示的狀態，總會獲得最低水準的財富，得以過著平靜的生活。

資本家是熱衷於往「通往財富之路」前進的人。如圖2-1的線段CD所示，人只要擁有最低水準的財富就能夠得到幸福了，增加比這之上更多的財富，也不代表那個人就能夠獲得至高的幸福。儘管如此，仍會像如圖2-1的線段CE所示，去想像財富與幸福的關係。資本家希望自己事業有成，有朝一日也能像地主那般擁有巨大財富與崇高地位，或是希望自己變成真正的地主，過著優雅自得的生活，也得到世人的尊敬與欽佩。資本家就是基於這樣的野心而累積資本的。在「通往財富之路」上，資本家也朝著「通往美德之路」邁進。若是行為謹慎、正直、堅定、有節制，那麼資本家的所有作為就不會對社會造成不好的影響。與其說資本家為了累積資本、擴大自己的事業，而促使經濟發展，增加對勞動力的需求。倒不如說由於那樣的結果，而減少了勞動者階級中失業人口的比例，甚至到達零失業狀態，而自然工資率也隨之提高。資本家就像這樣在毫無任何意圖的情況下，間接的改善了勞動者階級的生活水準。

若以圖2-1所表示的「財富與幸福的關係」來看的話，想要使社會整體獲得至高的幸福，就要盡可能地減少連最低水準的財富都得不到的人，即處於線段ＡＢ所示的狀態中的人口。為達此目的所可能採行的對策，就是對上中階級的人們課稅，再將那些稅收分配給處於線段ＡＢ所示的狀態中的人們。不過，亞當史密斯對於這種再分配政策並未明確的表示支持。因為，處於線段ＡＢ所示的狀態中的人們不僅是要獲得最低水準的財富而已，還必須要免受世人的輕蔑與忽視。換言之，他們必須同時獲得財富與獨立自主。因此，應該給予他的並不是「施捨」，而是「工作」。能夠達成這個目的的人並不是政府，而是資本家。因為資本家累積了資本就需要更多的勞動力，也就能提供失業者工作機會。一般人認為，亞當史密斯這種想法也使得經濟的成長受到重視。在下一節當中，將針對能夠提供給更多人工作機會的結構，亦即資本積蓄的結構進行探討。

3　資本積蓄的結構

依圖表與數據例做說明

對於資本積蓄的結構的想法，亞當史密斯在《國富論》第二編第三章「論資本積蓄與生產性勞動及非生產性勞動」當中，做了相關論述。亞當史密斯所思考的資本積蓄的結構，可以圖6-2來表示。

圖 6-2　資本積蓄的結構

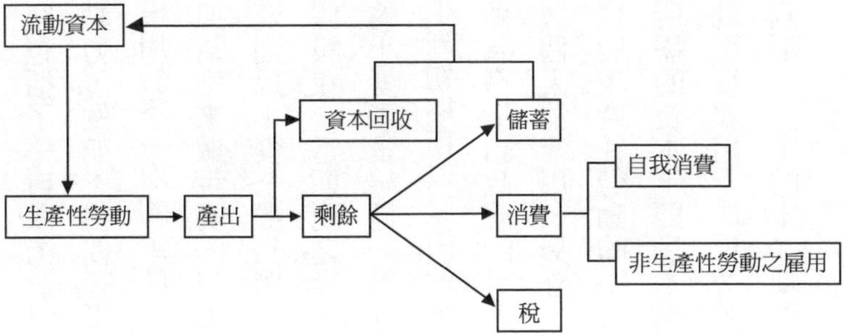

但是，在圖中為了簡化說明，只以單一生產物——小麥的生產來做假設說明，暫不考慮土地、原料與固定資本等因素。從投入勞動力到產出生產物為止必須要有一定的生產期間，在這段期間內，資本家要握有用以維持勞動所需的流動資本，而流動資本則是由被生產出來的生產物與同種類的生產物所組成的。

在生產的初期，資本家就要利用流動資本去雇用具有生產性的勞動者。所謂的生產性勞動，就是直接從事生產的勞動力。生產性勞動者則是依賴流動資本維持生計並從事生產的人。在一定期間之後，就產出了生產物，而所有的生產物則是屬於資本家所有。在所有生產物當中，其中的一部分被視為是當初投入生產所用的流動資本的「資本回收」部分，超過這個部分的生產物就被視為是「剩餘」

生產物。「剩餘」生產物當中的一部分，用來做為繳納給政府的稅金，其餘的部分則用於儲蓄或消費。而消費的內容包括了「自我消費」與「非生產性勞動之雇用」。所謂的非生產性勞動就是不直接從事生產的勞動力，例如：僕佣等等，為資本家提供私人服務的勞動力。被回收的資本再加上儲蓄的部分，則準備用於下一次的生產。在這種模式下，每一期都累積資本，也使得雇用與生產更加擴大。

再以數據為例來做說明。假設資本家在生產初期握有做為流動資本的小麥共十噸，而每位勞動者的個人工資則以小麥一噸為例。資本家利用流動資本雇用了十位勞動者，以使他們能從事小麥的生產活動。假設在一定期間之後，總共可生產出十五噸小麥。在這種情況下，勞動生產率（每位勞動者所生產的小麥產量）是一點五噸。十五噸的小麥則是全部屬於資本家所有。在這十五噸小麥當中，十噸是生產初期用以雇用勞動者的資本回收；其餘的五噸則是「剩餘」生產物。在這五噸當中，其中的一噸做為繳納給政府的稅金，二噸用來消費，剩下的二噸就當做儲蓄。而在消費當中，一噸是資本家做為個人消費用，另外一噸則用來雇用非生產性勞動，例如雇用僕佣。假設如果非生產性勞動的工資也與生產性勞動的工資都一樣是小麥一噸的話，那麼資本家就可以雇用一位僕佣。至於下一次產期所需的資本，則是本期回收的資本十噸與儲蓄的二噸，合計共有十二噸。因此，下一次的生產活動就可以雇用十二位勞動者。若是勞動生產率和本期一樣是十五噸的話，那小麥的總生產量就可達十八噸。其中的十二噸做為資本回收，六噸則是剩餘生產物。這六噸當中，一部分用於納稅，一部分用於消費，剩下來的就當做儲蓄。這樣的生產程序在不斷的反覆循環之下，資本便會增加。

由以上的論述可以歸納為下列二點。第一點、只要資本家有儲蓄，資本、雇用與生產就隨之成長，資本家的儲蓄越高，那些成長的速度就越快。換言之，這就意味著資本家的消費越少，成長速度就會越快。資本家的消費包括了「自我消費」與「非生產性勞動之雇用」。倘若「自我消費」是資本家在生活上不可或缺的必要支出的話，那麼，只要減少「非生產性勞動之雇用」就能夠提高成長。而被解僱的非生產性勞動者，就用增加的資本雇用其為生產性勞動者。總而言之，所謂的資本積蓄就是以生產性勞動來替代非生產性勞動。《國富論》第二編第三章的標題訂為「論資本積蓄與生產性勞動及非生產性勞動」，也就是這個原因。

第二點、假設若是資本家的消費不變的話，那麼，納稅金額越小則資本家的儲蓄就會越高。稅金主要是用以雇用公務人員與軍人。由於公務人員與軍人並不是直接從事生產的勞動者，所以屬於非生產性勞動者。納繳金額變小，資本家的儲蓄變高的話，政府部門的非生產性勞動便能夠當做民間的生產性勞動。

如此一來，代表資本家的個人消費越少，且政府支出也越小的話，資本積蓄就會加速進行。相反的，資本積蓄之所以會緩慢，是因為個人或政府的揮霍。亞當史密斯認為，無論是個人的揮霍還是政府的揮霍，都應該更加注意。

妨礙資本積蓄的主要因素（1）——個人的揮霍

亞當史密斯對於個人的浪費做了如下的敍述。

講到揮霍，一個人之所以會鋪張浪費，是因為他有即時享樂的慾望。這種慾望雖然有時候是很強烈而且是難以克制，但一般來說那是暫時性而且也不是經常發生的。相反的，促使我們儲蓄的是因為我們想要改善自己的生活環境的願望。這種願望，一般來說雖然是冷靜沉著的，但是我們打從離開娘胎開始，直到死為止，從來沒有一刻放棄過這個願望。〔中略〕雖然幾乎所有的人，有時候不免都會有花錢的衝動，而且有些人甚至完全無法抵擋這種衝動。但就平均而言，大多數人的儲蓄傾向不僅占了相對優勢，而且占了相當大的優勢（《國富論》第二編第三章）

依照亞當史密斯的看法，人性當中同時具有消費傾向與儲蓄傾向。一般而言，長期支配著我們的是儲蓄傾向。我們都有希望得到生存安全與改善自我狀態的慾望本性。為了順應這種慾望，不只是消費掉目前所有的全部生產物，我們還有一種為未雨綢繆的心理，這種心理也就是儲蓄傾向。另外，如同在《道德情操論》中討論到的一樣，我們一旦在意在他人的目眼光，想要得到他人的稱讚，那就會累積更大更多的財富。為此，我們會更加勵行節儉運動。

當然，由於我們對於消費的強烈慾望，也就是我們具有消費傾向的本性，所以也會有因衝動而花大錢的情況發生。還有，為了得到他人的稱讚，也有打腫臉充胖子的過度花費情況發生。但是，因為我們了解繼續不斷的揮霍無度會導致自我毀滅，所以一般而言，我們會長期性的抑制消費傾向，而順從儲蓄傾向。也可以說，我們內心的「謹慎」性格，會引導我們以儲蓄傾向為優先。因此，因為每一個人的揮霍無度而造成社會整體貧窮是不可能的事。

妨礙資本積蓄的主要因素（2）——政府的揮霍

另一方面，亞當史密斯認為「一個大國，不會因為私人的奢侈或資本的運用錯誤而導致貧困，但政府的浪費與失策，有時卻可能導致國家貧窮」（《國富論》第二編第三章）。每個人在管理自己的身家財產時都會以謹慎的態度並會有儲蓄傾向，但對於公共財產的管理就不會有同樣的心態了。因為，如果自己個人的財產管理失敗的話，會招致身敗名裂。相對於此，公共財產，也就是他人的財產管理即使失敗了，自己也不可能身敗名裂。但是，在階級社會中，對於公共財產的管理，換言之，足以左右政治的主要人物就是地主階級的人們。地主階級是非勞動階級，儲蓄傾向薄弱，對於財產的管理與運用的經驗和知識也是匱乏的。亞當史密斯對於地主階級是否適任公共財產管理者的角色，做了以下的論述。

在〔地主階級、資本家階級、勞動者階級〕三個社會階級中，只有地主階級是不須經由勞動也無須勞心費力就可獲得收入，似乎不必經過任何計畫，收入就會自動落袋。他們過慣了無憂無慮的生活，結果自然養成了懶惰的習性。也因此，導致他們不只是單純的無知，多半無法活用知性，也就是預知和理解公定規則所必需的知性。（《國富論》第一編第十一章）

另一方面，商人或有權勢的製造業者等等的資本家階級，對於財產的管理與營運比地主擁有更多的經驗和知識。儲蓄傾向也比地主階級更強烈。那麼，這也就是說資產家階級更適任公期財產管理者的角色嗎？其實未必如此。資本家階級有一個致命的缺點。那就是比起地主階級，他們欠缺公共精神，有時候，甚至為了個人利益而犧牲公共利益[3]。事實上，在當時的英國，有一部分的大商人或有權勢的製造業者，扮演了左右政治的階級，即地主（鄉紳）的角色，而制定出利於自己獨占利益的法規或制度，也就是限制競爭的法規或制度。亞當史密斯對擁有特權的商人或有權勢的製造業者做了嚴厲的批判。

商人或有權勢的製造業者往往會利用鄉紳的寬宏，去說服鄉紳相信，商人們的利益才是公眾利益，鄉紳們的利益並不是。也讓鄉紳本著這種單純誠正的信念，而捨棄了自己和公眾利益。然而，無論在哪種商業或製造業中，商人的利益在某些方面往往和公眾利益有差異，有時甚至相反。擴張市場、限制競爭，得利的都是商人們。雖然擴張市場往往是對公眾利益是有利的。但是，限制競爭一定會違反公眾利益，而且也使得商人的利潤提高到自然水準之上，反而其他的市民們卻為了他們的利益而承擔了荒繆且不合理的稅賦。因此，若是由這一個階級所提議的任何新商業法規，就應該要十分小心的審議。非得小心翼翼、抱持懷疑態度進行長時間仔細徹底研究之後，絕對不應任意採用。因為這個階級的人的利益，與公眾利益絕不會是完全一致的。因此，一般而言，為了自身利益，他們會去欺騙甚是壓榨社會大眾。事實上，依過往經驗，在許多情況下，他們的確曾欺騙和壓榨了社會大眾。（《國富論》第一編第十一章）

亞當史密斯認為，資本家階級一方面是推進資本積蓄的中心推手，另一方面，也是損害公眾利益的最高危險群。讓一部分的商人或有權勢的製造業者獨占所有利益的政策，並不只是因為國內市場沒有效率。他們的產業受到國外的同業間的貿易保護政策的限制，而導致與鄰國的關係惡化，結果，便造成了容易引發戰爭的狀況。事實上，自一六八八年的光榮革命之後，英國與法國之間已經發動了四次的戰爭，也投入了巨額的稅金。

在四場的英法戰爭中，除了戰爭所引起的各種額外支出，英國政府還發行了一億四五〇〇萬英鎊的公債，全部的費用恐怕不下二億英鎊。自光榮革命之後，在各種不同情況下，每年全國的勞動與生產物中，總有一大部分用來維持極其龐大的非生產性人員。若不是因為戰爭而耗費了這麼龐大的資金用以維持非生產性人員的話，那麼其中很大部分的資金自然就會用來雇用生產性勞動者，而這些人自然能夠把他們所消費掉的價值再生產出來，並且還會提供利潤。〔中略〕當時如果沒有戰爭的話，目前全國的真實財富與收會提高到什麼程度，這也許是我們難以想像的。（《國富論》第二編第三章）

事實上，一八世紀的英國政府支出，大約有九成是用在軍事與發行公債上[4]。因為發行公債的目的在調度戰爭經費，所以政府的支出可以說幾乎都是與軍事相關的費用。如果和法國之間沒有發生戰爭的話，英國政府的資本應該就會更加快速累積，而且就會有更多數的勞動者可以生產性勞動者的身份被雇用，而不是被充當為軍人。如此一來，英國的經濟就會更加地快速成長。亞當史密斯雖然認同國防的重要性，但是自從光榮革命之後，英國政府用於軍事上的費用明顯的是過度耗損了，這也延緩了英國經濟的成長。雖然政府像這樣毫無節制的揮霍國本，但是，因為全國國民都勵行節儉，英國的經濟也得以長期持續不斷地成長。

政府的揮霍無疑地曾經延緩了英格蘭在財富與改良方面的自然發展，但卻沒有力量使發展停頓下來。〔中略〕在政府的重稅剝削下，資本之所以還能夠默默的一步步緩慢累積起來，全憑民間的節儉慎重，也就是說全憑人們穩定地不斷地努力改善自身的境況。〔中略〕因此，某些王公大臣不自我反省，反而頒布了一些禁止奢侈法令或是禁止進口國外奢侈品，假藉要監督或限制平民的生活開銷，避免人民浪費舖張。其實，這些王公大臣才是這個社會中最浪費的人。他們只要好好注意自己的花費就行了，平民的生活開銷可以放心的讓平民自己去管理。如果王公大臣的揮霍都不會使國家滅亡，那國民的揮霍更不可能毀滅國家了。（《國富論》第二編第三章）

應該要注意的是，延緩一個國家資本積蓄的原因，不是個人的揮霍，而是政府的揮霍。政府的揮霍是由於王公大臣或政治家等支配階級者的無知與無能，還有為他們工作的一部分的資本家們的貪欲與野心所造成的。如果可以防止政府的揮霍浪費的話，一個國家的資本就會有十足的潛力，以最快速度累積。快速的資本積蓄，不僅會促使生活必需品與便利品的產量大增，也會促進勞動者階級的雇用量增加、減少失業，工資的自然率也會提高。如此一來，勞動者階級的生計就得以獲得全面性的改善。亞當史密斯提到「所有浪費的人，都是全民公敵，而所有節儉的人，都是全民的恩人」（《國富論》第二編第三章）。我們在「浪費家」以及「節儉家」的前面，再加上「政府的」似乎會比較好吧！

4　投資的自然順序

投資的自然順序之根據

《國富論》第三編第一章「論國家財富的自然發展」裡，亞當史密斯談到，若是能遵從「事物的自然發展趨勢」（natural course of things）的話，資本就會依序被投資到農業、製造業，最後到國外貿易裡。亞當史密斯依照下列三個根據而提出這個想法。

第一個根據是，對人類生活的必要性。農業是用來生產人們生活中最不可或缺的食物。製造業也會生產生活必需品，但必要性不若食物重要。而國外貿易最主要是交易奢侈品，對生活而言更沒有必要性。因此，從對人類生活的必要性此一觀點來看的話，資本會依序投入農業、製造業、國外貿易也是理所當然的。

第二個根據是，投資的安全性。亞當史密斯認為依照農業、製造業、國外貿易的投資順序，安全性是最高的。投資於農業的資本（維持農業勞動者的資本、原料、農具、灌溉設備等）無論何時都在投資家的視線範圍內，他們也可以去做管理。另一方面，投資在國外貿易的資本（雇用船員的資本、採購國外商品的貨幣、船舶等）不在投資家的視線範圍內，他們要管理資本也很困難。而投資在製造業的資本（維持工廠勞動者的資本、原材料、機械、設備等），比投資在國外貿易的資本更容易讓投資家見到，但又不像投資於農業的資本那般容易。另外，在人口持續增加的社會裡，對生活必需品的需求，確實是比對於奢侈品或便利品的需求還要更高。從這個觀來看也可以了解，主要提供生活必需品的農業的安全性是最高的，其次是同時供應生活必需品與奢侈品・便利品的製造業，而以買賣奢侈品為主的國外貿易的安全性則是最低的。

第三個根據是，人性對土地的偏愛。亞當史密斯對於成為農業活動基礎的田園生活做了如下的相關論述。

田園美景、農村生活的各種樂趣與恬靜，加上如果是不受人為迫害而獨立的農村生活的話，確實會有種讓每個人傾心嚮往的魅力。由於耕種土地是過去人們的既定宿命，所以，在人類的每一個歷史階段中，人們心底似乎對這種原始的職業永遠存有一份偏愛（《國富論》第三編第一章）

這個看法，也許會被批評為疏忽掉了農業勞動的過苛性。但是，亞當史密斯認為，在土地上耕作本來就是人類勞動的基本，而且藉由接近大自然而得到的智慧與恩德，可以培養出個人的獨立心，並獲得心靈的平靜。另一方面，隨著製造業與國外貿易的發展，人類的勞動與土地間的密緊關係就會日趨薄弱。因此，人們會本著我們本性中對於土地的那份偏愛，而傾向於按照農業、製造業、國外貿易的順序投入資本。

圖 6-3　經濟發展的自然順序

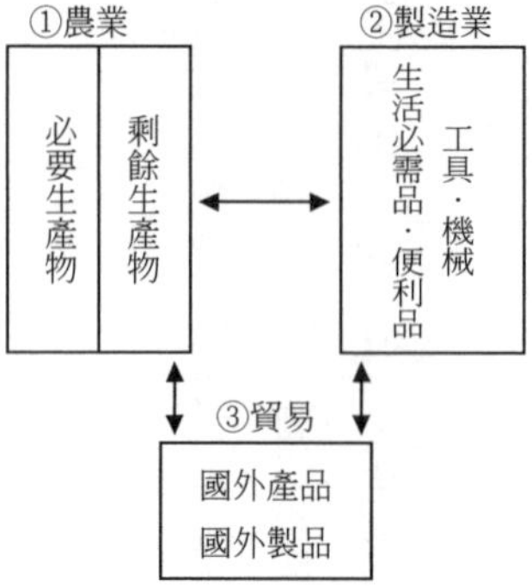

自然的經濟發展之印象

如上所述，亞當史密斯是基於對人類生活的必要性、投資的安全性，以及人性對土地的偏愛這三個根據來思考投資是依照農業、製造業、國外貿易的自然順序。他所想像的一般人認為的經濟發展的自然順序，可以利用圖6-3來表示。

經濟發展，首先是由農業部門的擴大而開始的。在發展初期的階段，農業部門只生產足夠供應給農業部門的人口的食物等必要生產物。但是，如果農業部門實行土地改革或是擴大耕種的話，必要生產物的數量就會增加，也就是說會有多出來的「剩餘生產物」。若是把剩餘生產物累積下來，再利用更多的生產性勞動進行土地的開墾的話，食物的產量就會更多，剩餘生產物也會大增。由於剩餘生產物的增加，不久就會形成製造業部門。製造業部門把農業部門的剩餘生產物當做食材或原料，用它們來製造生活必需品或便利品，或者是做成工具或機械，再把那些產品提供給農業部門。如此一來，在農村與城市之間就會形成一個市場，也奠定了國內的商業。

農業部門利用由製造業部門所生產的工具或機械，來提高生產性。在製造業部門裡也因促成了市場的擴大而進行分工，藉此也提高了生產性。隨著生產性的提高，農產品與製造業的產量就會加速的增加，人們的生活，特別是勞動者的生活也會獲得改善。結果，人口增加，就會有更多的勞動投入農業部門與製造業部門。如此一來，國內的產業就會持續擴展。當農業部門與製造業部門充分發展，食物或其他的生活必需品以及便利品也在普及於每個國民之間以後，農產品或製造品的一部分，就被用來與國外產品或國外製品作交換。如此一來，發展到了最後的階段，便會建立起國外貿易。

以上是遵循著事物的自然發展趨勢而成的經濟發展順序。重要的是，在國外貿易的發展階段當中，已經有十分大量的資本投入在國內的農業部門與製造業部門裡，而且每個國民也都享受到足夠的生活必需品與便利品。因此，國外貿易雖然會為國民帶來更便利的生活，而且也充滿了刺激感，但是，對於維持國民的生存與生活來說，也就是對社會的獨立存在而言，並不是不可或缺的。

根據亞當史密斯的看法，農業、製造業、國外貿易的經濟發展順序，事實上，是最快速擴大生產性勞動者雇用的順序，也是最快速增進財富的順序[5]。擁有資本的人也不是因為希望得到那樣的結果才會決定出投資順序的。只是單純的受到對人類生活的必要性、投資的安全性，以及人性對土地的偏愛的影響而決定出這樣的投資順序而已。在這個投資順序當中，藉由資本的累積，使社會最下層的人們的生活得到了最有效的改善。但是，資本家的原意也不是為改善最下層人們的生活，只不過是基於自己內心的儲蓄傾向與想得到財富的野心而去累積資本罷了。

像這樣，資本家讓那些給連最低水準財富都沒有的人，或是受到世人輕蔑的人得到了工作與收入，以及心靈的平靜，亦即讓他們得到了幸福。這些原本都不是在資本家們的預期之中的事，但卻因為他們而達到了經濟成長的真正目的。和市場價格調整機制一樣，我們也將經濟成長的所得創造機制稱為「一隻看不見的手」。而在這裡所謂「一隻看不見的手」，我們也可以說，那就是造物者對那些受到貧窮與失意之苦的人們所伸出的「援救的手」。

註釋

1 史密斯認為，高工資不只是財富增加的結果，也是財富增加的原因。換言之，工資提高的話，就會增加勞動者的勞動能力及意願，結果，便會提高勞動生產力。史密斯還提到：「優渥的勞動報酬，一方面促進人口繁衍，一方面激勵一般人民勤奮地工作。工資是對勤奮工作的一種獎勵，當受到的獎勵越多，便會越勤奮工作，這就是人性。寬裕的生活條件能增加勞動者的體力，若是勞動者期望藉由改善生活情況而得以安享晚年的話，那麼他就會盡力地工作。」（《國富論》第一編第八章）

2　史密斯在《道德情操論》裡提到，中下階層的人們往往會對上流階級的人們的地位、財富及生活產生憧憬，並將他們視為高貴的存在。他又認為「富裕的人們與權力者都同樣有隨著情感行事的性格，而社會階級的區分以及社會秩序便是建立在這種性格之上。」（《道德情操論》第一部第三編第二章）。史密斯的理論基礎裡提到了一個假設理論，即相較於悲傷的情緒，人們通常都比較希望去感受歡喜的情緒。

3　史密斯並不認為勞動者適合作為公共財產的管理者。並提到「雖說勞動者與社會之間有著緊密的利害關係，但勞動者並無法了解社會的利害，以及社會與自己之間的利害關係。以勞動者的生活條件來看，他們並沒有足夠的時間去取得生活所需的必要資訊，即使他們能得到充足的資訊，通常也會因為教育水準和生活習慣而導致他們無法做出適當的判斷。因此，在公共審議中，勞動者的意見受到鼓舞、煽動或是支持，在某些特定情況下，其實並不是為了勞動者的利益，而是為了雇主的利益。但是，除了特定情況之外，勞動者的意見通常都會被漠視，也得不到尊重。」（《國富論》第一編第十一章）

4　關於十八世紀英國政府的政府支出，請參照約翰普溜亞的《財政＝軍事国家の衝撃》（The Sinews of Power: War, money, and the English State，大久保桂子譯，名古屋大學出版學會，二〇〇三年），第四九頁。

5　史密斯認為勞動集約度及附加價值率是依農業、製造業、國際貿易的順序而決定的。史密斯並敘述如下。「當一個國家的資本不足以同時從事上述三項（農業、製造業、貿易）活動時，便會將大部分的資本投入農業生產活動。因為國內的生產性勞動數量越多，那麼全國的土地和勞動產出的附加價值也就越大。其次，會將資本投入製造業，以促成最大量的生產性勞動，也使得勞動產出獲得最大的附加價值。而三種用途中以投入在出口貿易的資本效果最差。」（《國富論》第二編第五章）

第七章　現實的歷史與重商主義政策

1　歐洲的歷史

如同在上一章所談到的，遵循著事物的自然發展趨勢的話，經濟就會照著農業、製造業、國外貿易的順序發展下去，並藉此順序達成最大的經濟成長率。然而，在實際上的歐洲歷史當中，這種自然順序完完全全地被顛覆了。

在本章裡，將針對亞當史密斯對於歐洲違反發展的自然順序之歷史原委，與其所產生的促使國家經濟繁榮的貿易和適合銷售至遠方的精緻製造業等主要經濟政策，即重商主義政策的見解進行檢討。

西羅馬帝國之滅亡

依據亞當史密斯的看法，這被顛覆的歷史，是自西元四七六年西羅馬國的滅亡之後開始的。亞當史密斯敍述如下。

在日耳曼民族與賽西亞民族侵略了羅馬帝國西部地區之後，因這樣的巨變而引發的混亂狀態，前後延續了好幾世紀。這些野蠻民族的掠奪與迫害，阻絕了城鄉間的貿易往來。於是，許多城市成了荒墟，農村也一片荒蕪。原本在羅馬帝國的統治之下，曾經相當富裕的西歐，一變而為最貧乏的蠻荒狀態。在接連不斷的混亂當中，那些民族的酋長和首領占領或篡奪了大部分的土地。雖然大部分的土地都是無人耕種的，但無論耕種與否，絕對找不到一塊是沒有地主的土地。所有的土地都被占據了，而且，其中大部分的土地是由少數幾個大地主所占據著。[1]（《國富論》第三編第二章）

西羅馬帝國滅亡以後，歐洲就不斷地遭受野蠻民族的侵略與掠奪，直到一一世紀左右，這混亂的局面才被平定下來。然而，恢復秩序之後的歐洲社會，一點也不像過去的羅馬帝國。商業與製造業已蕭條衰退，土地也由少數的大地主所割據占領。

農村的狀態

領土在不斷地被侵略的情況之下，大地主並不把土地拿來耕種，而是拿來當作防衛的工具。大地主一邊保衛著自己的領土，一邊又計畫去搶奪鄰人的領土，為此就已經精疲力竭了，根本沒有餘力去進行土地改良。同時，對大地主而言，土地的分割，也就等於削弱了自我的防衛能力，因此，大地主慣於只讓長男繼承自己的土地（長子繼承的習慣）。然而，即使是長男，也不能將繼承而來的土地任意地贈與、讓渡、出售，於是有了限定繼承的慣例出現。如此一來，廣大的土地便不會被分割，而也由毫無進行土地改良意願的土地所有人擁有或管理。

大地主就成為被稱為王公、侯爵、伯爵等的領主，並在自己的領土上執行行政、立法、司法以及戰時的指揮等任務。向大地主租地的人就稱為佃農，並服從大地主的命令。雖然，最後會有部分的佃農得到土地或農具的保有權並進行土地改良，但大多數的佃農卻因為賦役或貢納等各種阻因，而無法真正地進行土地改良。

都市與貿易的發展

另一方面，在平定混亂局面的同時，也在交通便利的地點開設了定期市集，讓小販、攤商或工匠等得以在市集裡聚集並進行交易。那些商人們便在市集附近定居下來，定期市集也變成天天都會固定聚集的市場。如此一來，便形成了一個商業都市。一開始，居住在都市裡的商人或工匠們向領主繳納通行稅、橋稅、貨物稅、攤販稅，但是在一些都市裡這些稅金都被免除，取而代之的是當地居民要繳納人頭稅。其中，比較有權勢的居民，便頂替領主的公務員角色，承攬了向其他居民徵收稅金的工作。久而久之，應繳納給領主的稅金金額便被固定下來，而承攬徵收稅金的權利也被永久化。居民們除了每年繳交給領主固定稅金以外，其他的稅金就被免除，也得到了工作、經商、結婚、繼承等自由權。居民們更加團結，經營這個共同體，也取得了裁判權或自衛權等自治權利。

從十一世紀到十三世紀，歐洲各地也就如此形成了自治都市。義大利的威尼斯、弗羅倫斯、吉諾瓦、比薩、義大利北部的漢薩同盟都市等就是典型的自治都市。這些都市的市民，也就是商人或工匠，便組成了基特爾（Guild、同業公會），所有組員們相互協助，同時並對原料、製造方法、價格與經營方法制定了章程。市民所擁有的自由，是屬於集團自由，而不是個人自由。而且，那是被賦予特權的受到保護的自由，並不是自然的自由。

相較於已發展的都市，鄰近的農村就無法獲得充足的生活物資或原材料。然而，因為大多數的都市多位在海邊，或是可以航行通商的河流沿岸附近，所以都市裡的居民就能夠獲得遠從東羅馬帝國或阿拉伯帝國或埃及等運送過來的生活物資或原材料。他們就將自己製造的產品與國外產品做交換，不然的話，就是透過轉口貿易而從中獲取利益。如此一來，以義大利各都市為中心的地中海貿易，與法蘭德斯或義大利北部的各都市為中心的北歐貿易，還有，連結這二大貿易圈的內陸商業便因此發展。特別是地中海貿易從東方帶來了胡椒、染料、果實、絹織品等奢侈品。

隨著貿易的發展，當國內對於國外產品的需求量增加時，都市裡的商人為了要節省運費，於是有的人便開始計畫在自己的都市裡也設立同種類的製造業。盧卡、威尼斯、里昂等的絹織品業，或是法蘭德斯、英格蘭各都市的毛織品業，就是如此應蘊而生的。這些都市從國外進口原材料然後加工，再出口至鄰近國家或者是更遠的國家。如此一來，在國外貿易日趨發展之後，適合銷售至遠方的精緻製造業便形成，進而促進都市的繁榮。

藉由都市的繁榮促使農村的發展

由於都市的繁榮，提供了農產品的市場，進而促進了農村的土地改良與耕作。另外，雖然在都市裡經商成功的商人們會購買農村裡尚未開墾過的土地而成為新興地主，但他們與原本土生土長的鄉紳不，他們是具有企業家精神的地主，並熱衷於土地的改良。而都市裡的商業與製造業發達，農村裡的領主權威減弱，佃農就會獲得自由與安全，也對土地改良與擴大耕種有所貢獻[2]。關於最後這一點的原委如下所述。

在商業與製造業發展之前，因為剩餘的生產物已經沒有可以交換的物品了，所以農村的大地主就在家裡，以「宴客」（hospitality）的方式將剩餘的生產物消耗掉。許多的僕佣、侍從、客人受到大地主的殷勤款待，便服從於他們。也可以說，大地主利用這些剩餘的生產物雇用了非生產性的勞動。但是，在都市的商業與製造業發達之後，隨著國外或在都市裡生產的奢侈品進入了農村，這種情況就產生了變化。大地主們發現了只有自己就能消費掉剩餘生產物的方法。換言之，他們發現了將剩餘的生產物拿來換取奢侈品的方法。他們不再宴請其他的人，也把大多數的僕佣或侍從解雇，而將多餘的收入用來購買奢侈品。

另一方面，被解雇的人們便往都市移動，藉由從事商業或製造業活動，而得以繼續獲得生活物資。他們也從倚賴剩餘生產物以維持生計的非生產性勞動者，變成了製造奢侈品的生產性勞動者。他們已經不再是為一個大地主工作的隨從，而變成了將多數的大地主當成交易對象的獨立商人或是製造業者。

如此，大地主為了得到奢侈品，他們喪失了對僕佣或侍從的支配力，亦即喪失了基礎的權力與權威。而習慣了豪奢生活的大地主們，就希望能增加地租與安定的供給，於是便和佃農做了如下的約定。

大地主渴望抬高地租，高到能超過目前改良狀態下的土地所能提供的程度。只有在某個條件下，佃農才可能會答應這樣的要求。也就是如果租佃的期限不夠長，無法使佃農占用土地的權利確實獲得保障，而不足以使他們可以在這段期間內連本帶利回收投入的費用的話，佃農是絕對不會同意地主加租的要求。而地主因為虛榮心，使他們付出更高的代價去接受了這樣的條件，於是，這就產生了長期的土地租賃契約。（《國富論》第三編第四章）

因為有了長期的土地租賃契約，佃農為了土地改良所投入的資本，以及所獲得的利潤都成為佃農所有。大多數的佃農，與地主間訂立長期的土地租賃契約，而成了獨立的自耕農，並為了土地改良而投入資金。如此一來，成為經濟發展基礎的土地改良便正式開始了。依據亞當史密斯的看法，在農業部門裡，生產力的提昇這個重要的變革，原本並不是農村裡的地主或者是都市裡的商人或製造業者所期望的事，和其他許多的情況一樣，都是受到「一隻看不見的手」的影響。

這一個對社會大眾的幸福極為重要的革命，卻是由全然不會想要讓社會大眾得到幸福的兩個階級的人所完成的。大地主們的唯一動機，是為了要滿足他們那幼稚的虛榮心。而商人和工匠們的動機並不像大地主那般滑稽荒唐，但也只為了自己的利益著想，他們只不過遵循自己的商販原則，在能夠賺一分錢的地方就賺一分錢。他們之中沒有一個人事先會了解會預見到，大地主的愚痴，以及商人與製造業者的勤勞，會帶來這個大革命。（《國富論》第三編第四章）

大地主不僅拋開了對侍從或僕佣們的支配權，也對拋開了對佃農的支配權。至此，領主的地位漸趨式微，只有大領主一個人握有強勢的權威與權力，而成為構築起獨裁專制政權的基礎。對於大地主們自身而言，這意味著，他們的虛榮心，使他們「付出了更高的代價」。

在農業部門裡，生產力的提昇與農耕的擴大，而使剩餘生產物增加，這都是遵循著事物的自然發展趨勢而造就了農村近郊的製造業之發展。這樣一來，因為製造業可以將鄰近農村的生產物當做生活必需品，或原材料來使用，所以即使不是位在海邊或河川沿岸的都市，也都得以發展[3]。製造業者一開始是將製成品供應給鄰近的農村，但當他們的製造方式逐漸改善，並日臻成熟後，就開始將製成品出口到更遠的地方去。如此一來，便由農村的發展為基礎，而逐漸發展成適合銷售至遠方的精緻製造業。

以上所述，是亞當史密斯對於西羅馬帝國滅亡後，至迎接一五世紀的大航海時代為止的歐洲歷史的相關見解。歐洲的經濟是照著國外貿易、製造業、農業的順序發展下去的。雖然有部分也是從農業開始後，再由製造業與國外貿易的順序發展下去，但以整體的經濟發展來看，與自然的順序是完全相反的。亞當史密斯認為「由於違反了自然的發展順序，所以這種發展也必然是緩慢且不可靠的」（《國富論》第三編第四章）。

蓬勃發展的貿易部門與適合銷售至遠方的精緻製造業部門

在顛倒的發展過程中，投入在貿易部門與適合銷售至遠方的精緻製造業部門的資金與勞動占了極其誇張的比例。原本應該要用來投入在本國的土地上，用以生產更多的生活必需品與便利品的資金與勞動，卻被用在貿易與適合銷售至遠方的精緻製造業上。而因為有利於適合銷售至遠方的精緻製造業的交易對象是有限的，所以歐洲各國便不得不相互爭奪這些交易對象。本國貿易的繁榮與否，或是適合銷售至遠方的精緻商品在國際市場上是否能打敗其他國家的產品，已經不僅是攸關商人與適合銷售至遠方的精緻製造業者的生存問題，似乎也攸關著當政者與國民的生存問題。因此，當政者，特別是因封建領主的沒落而逐漸集中所有權力的專制君主，便賦予商人和適合銷售至遠方的精緻製造業者特權，以力圖振興貿易以及適合銷售至遠方的精緻製造業。專制君主所重視的是做為貿易交易工具的黃金及白銀的累積，獎勵開挖含有金銀的礦山，同時也以此為目的，而以發現、獲得並擴大殖民版圖為目標。

如此一來，在歐洲各國便變成秉持著，只有適合銷售至遠方的精緻製造業的成功發展，才能為國家帶來繁榮的理念為前提下，而訂定出相關的政策。那是圍繞著遠距貿易的利益特權與金錢問題的零和遊戲，造成了歐洲各國繁榮的不安定性，同時，也導致各國間產生敵對的狀態。就在這樣的情況之下，歐洲在一五世紀後半迎接了大航海時代的來臨。

2　建立殖民地的動機與結果

建立殖民地的動機

大航海時代是葡萄牙與西班牙企圖不繞經地中海的商業都市，而直接將東方國家的物產由印度運往歐洲的野心而開始的。哥倫布在繞經好望角進行印度航線的探索過程中，意外的發現了美洲新大陸。哥倫布回國後，西班牙王室便派遣許多探險船隊前往美洲大陸，戮殺當地的原住民，並建設起殖民地[4]。西班牙王室此一行動的動機，是因為發現了在美洲大陸有蘊藏量豐富的金礦山。繼西班牙之後，英國、法國、荷蘭、丹麥等國家也在美洲大陸建立起殖民地。和西班牙一樣，他們的動機都是因為發現了金礦山。但是，無論是哪個國家，都無法找到一座值得開採的金礦山[5]。至此，歐洲各國懷抱著在美洲大陸發掘出取之不盡用之不竭的金礦山的「黃金夢」也破滅了。在那之後，便以擴大貿易據點為目的，繼續對美洲進行殖民建設，但是，幾乎所有的殖民活動，都是在得到國王特許的獨占社會的管理下進行的。

亞當史密斯在《國富論》第四編第七章「論殖民地」裡，對於歐洲各國在美洲大陸建設殖民地的動機與結果做了詳細的探討。其中，一般人認為，亞當史密斯是站在自己內心的公平觀察者的角度，去判斷歐洲各國的行為是否值得受到稱讚或批評來進行考察的。就像在《道德情操論》裡談到的，為了要了解某種行為是否值得受到稱讚或批評，首先必須要站在公平觀察者的立場，去檢討該行為的動機的正當性。換言之，必須要試著去想像，如果是公平觀察者的話，是否會做出那樣的行為。如此想像的結果，亞當史密斯對於歐洲各國建設殖民地的動機做了以下的評價。

關於美洲殖民地最初的建設，或是對殖民地的統治及其後的繁榮，歐洲所採取的相關政策，幾乎沒有任何值得自誇的地方。最初支配歐洲各國計劃建立殖民地的動機，似乎是愚蠢與不當的行為。亦即，探尋金銀礦山的愚蠢行為，與搶奪無辜原住民的土地的不當行為。原住民們非但未曾傷害過到美洲去的任何探險家，反而是殷勤親切地歡迎他們。爾後，在美洲建立殖民地的探險家，除了妄想尋找金銀礦山以外，似乎還有其他更為合理且值得稱讚的動機，但就算是那樣的動機，仍舊不會為歐洲的政策增添任何光彩。（《國富論》第四編第七章第二節）

因為美洲大陸擁有豐饒的土地資源，因此農・林・漁業便在殖民地裡開始迅速地發展起來。注意到這個發展的歐洲各國，都認為殖民地應該就要對母國扮演起「乳牛」的角色，於是便對殖民地制定了各種有利於母國的法規。例如，殖民地原則上不能將生產品提供給母國以外的國家，也不能從母國以外的國家進口生產品。還有，殖民地禁止生產與母國相同的製品，而且與母國間的運輸往來也必須要使用母國的商船。這些法規都是以母國的利益為優先考量的，而從殖民地得到的利益也不與其他國家分享，母國企圖將所有利益都佔為己有。亞當史密斯對於歐洲各國的此種行為做了以下的論述。

當殖民地已建設完成，而且其重要性也足以引起母國政府的注意時，最初對殖民地施行的那些法規，其目的在保證殖民地的貿易由母國所獨占，並限制殖民地的貿易市場，以犧牲它們來擴大母國的貿易市場。因此，與其說是為了促進殖民地的繁榮，倒不如說是延緩、壓抑了它們的發展。然而，在歐洲各國的殖民政策當中，大相逕庭的一點就是獨占的方法。其中，最好的是英格蘭所採行的政策。但是，英格蘭殖民政策也只在某一程度上，不像其他國家那樣那麼地狹隘而苛刻罷了。

（《國富論》第四編第七章第二節）

亞當史密斯認為，從動機這一點來看，關於歐洲各國建立殖民地的行為，以及之後所採行的殖民政策，都是不被公平觀察者所認同的。對他而言，那些都是出自貪欲與獨占精神而為的行為。

建立殖民地的結果

為了要判斷某一行為是否值得受到稱讚或批評，不僅要檢視行為的動機，也必須要檢討行為的結果。歐洲各國建立殖民地，以及之後對殖民地的經營，會帶來怎麼樣的結果呢？亞當史密斯在第四編七章第三節「論發現美洲大陸與繞經好望角到東印度的航線，帶給歐洲什麼利益」裡也探討到了這個問題。

亞當史密斯認為，美洲大陸的發現與殖民地化，應該為歐洲整體帶來了莫大的利益。亞當史密斯在此所指的利益，第一、是大大滿足了歐洲人民的欲望；第二、是擴大了歐洲的產業。事實上，藉由將美洲的剩餘生產物帶進歐洲，使得歐洲人民得以消費到在自己國家內無法消費到的商品，例如砂糖、煙草、巧克力等等。另外，隨著從美洲引進的食材或原材料大增，也可能因此擴展了歐洲的製造業。

歐洲從美洲得到了莫大的利益，可以利用上一章的圖6-3（168頁）來做說明。圖6-3所表示的是在一個社會中自然的經濟發展順序。首先農業部門裡的剩餘生產物會增加，製造部門則將其拿來利用並擴大製造業部門，在兩個部門都充分地擴展之後，接著便發展出貿易。現在，利用這個圖來代表合併美洲與歐洲以後的社會的話，對歐洲而言，美洲大陸的發現與殖民地化，就等於是新添加了一個擁有豐富的土地和天然資源的農業部門一樣。

由於美洲的剩餘生產物大增，歐洲的製造業部門便會擴大，貿易部門也會隨之擴大。在美洲沒有殖民地的國家，或是與美洲沒有直接貿易關係的國家，也會隨著歐洲製造部門的擴大而間接受惠。這與在一個國家之內，一個在農村裡沒有家人的人，或者是與農村沒有直接進行交易的人，也會因為農村的繁榮而受惠的道理是相同的。自西羅馬帝國滅亡以來，因為顛倒的經濟發展順序，對於農業部門的擴展相對緩慢的歐洲來說，美洲的發現與殖民地化，可以說是回歸到自然的發展順序的絕佳機會。而是否能善佳運用個機會，則與全美洲的剩餘生產物的成長速度息息相關。

然而，歐洲卻無法善用這個機會。在美洲都擁有殖民地的歐洲各國，原本是為了要獨占殖民地貿易所訂定的各種法規，反而妨礙了自己的殖民地內的剩餘生產物之增加。如上所述，原則上不能將生產品提供給母國以外的國家、不能從母國以外的國家進口生產品、禁止生產與母國相同的製品、與母國間的運輸必須要使用母國的商船等的規定，都剝奪了殖民地居民們的勞動意願與能力。

受制於為了獨占殖民地貿易而訂定的各種法規，而延緩了殖民地的剩餘生產物之增加，這不僅是對於歐洲整體的繁榮，就連訂定這些法規的母國本身的繁榮也受到了阻撓。因為，如果沒有那些法規的話，可能就會喪失掉因殖民地的剩餘生產物之增加，而應該會使得母國的製造業部門或商業部門發展的機會，而且，也可能會失去因歐洲全體的繁榮而應該能得到的商機。因此，這也可以說，母國因為想獨占殖民地貿易所訂定的各種法規，反而犧牲掉了絕對利益。那麼，做出那樣子的犧牲，母國所企求的又是什麼利益呢？根據亞當史密斯的看法，他們所企求的是相對利益。獨占貿易的目的，並不是母國本身會變得多麼地富裕，而是與其他國家相比較之下，母國會變得有多麼地富裕。

那麼，母國真的能夠藉由獨占性的殖民地貿易，而得到相對利益嗎？對此，亞當史密斯是持反對看法的。由於母國對殖民地貿易部門設有各種優惠措施，所以殖民地的貿易部門的利潤率就會提高。結果，國內其他的貿易部門便會將資金轉投資到殖民地旳貿易部門。而抽出資金的結果，其他的貿易部門的利潤率也會提高，並使貿易服務價格上昇。因此，其他的貿易部門的國際競爭力便會降低。而在其他的貿易部門裡，由於有國外資金代替了國內資金的投入，也賺取到了利潤。因此，獨占殖民地貿易所能得到的實質的相對利益，就是從獨占貿易中可以直接獲得的相對利益當中，扣除其他的貿易部門縮減後所失去的相對利益後而來的。亞當史密斯認為，這並不能準確地說是正面的或者是負面的。

再來看看英國的情況，由於殖民地貿易的發展，資金的轉移從與歐洲鄰近各國間所經營的貿易，轉到與更遠的地區間所經營的貿易上。另外，消費財的資本轉移也從直接貿易轉到轉口貿易上。也就是說，遠距貿易與轉口貿易在貿易部門裡所占的比例增加了。事實上，如同在序章裡討論過的一樣，從一七世紀到一八世紀，大英帝國確立了連結英國─西非─西印度群島及北美的大西洋奴隸三角貿易。也就是說，英國的商人首先由英國的港口出發，將槍砲、酒、棉布、毛織品等運送到西非，然後用這些物品去購買黑奴。接著，就把黑奴帶到西印群島及北美去，再利用黑奴交換砂糖、煙草、棉花、米、染料等物品，並把這些物品再帶回到英國去。最後，便將這些商品銷售至歐洲各國而獲得了莫大的利益。

然而，依照亞當史密斯的看法，遠距貿易或轉口貿易，與鄰近貿易或直接貿易相較之下，對於國內的農業或製造業的刺激變小，則對生產性勞動的雇用創造效果也會變小。因此，亞當史密斯認為，依長時間來看的話，當在遠距貿易或轉口貿易上投入了高比例的資金時，就會延緩該國的整體經濟成長，其結果，也就會失去了相對的優勢地位。

對母國而言，擁有殖民地所能得到的其他利益，就是從殖民地調度兵力與金錢，以保衛母國。羅馬帝國的殖民地同時提供了這兩樣。希臘的殖民地雖然只提供了金錢，但在戰時仍以母都市的同盟者身份提供兵力給希臘。但是，美國殖民地並未為了保衛母國而提供兵力和金錢。相反的，母國卻不得不為了保衛殖民地而提供兵力與金錢。事實上，在英法戰爭中，英國為了保護美國殖民地而投入了大量兵力，也花費了不少的稅金，甚至還發行了高額的公債。

結果，英國政府為了維持這個並未帶來任何利益的殖民地，反而每年都向自己國內的國民課徵高額的稅金。亞當史密斯對於這種做法下了一個結論。「在現在的經營管理之下，英國從其殖民地中除了損失之外，毫無所得。」（《國富論》第四編第七章第三節）。

在建立並統治美國殖民地之時，歐洲人殺戮了許多的原住民，並加以略奪、壓迫。原住民們幾乎沒有因為殖民地的建設而獲得任何的經濟利益。亞當史密斯並未對這個事實坐視不理，他內心與原住民同樣感到氣憤地做了以下的敍述。

美洲大陸與繞經好望角的東印度航線被發現時，因為歐洲人的優越勢力足以壓制原住民的力，所以在遙遠的國度裡，他們仍然可以為所欲為地做出各種不合正義的行為而不被譴責。或許從現在開始這些國家的原住民會日漸強盛，而歐洲人的勢力也許會日趨式微，使得世界上的所有地區的居民都有相同的勇氣與實力。只有這樣，所有的國民，彼此間才會相互敬畏，從而壓制所有的專橫不合理，使他們能相互尊重彼此的權利。但是，最能夠建立這種同等實力的，似乎是相互交流知識與改良技術。然而這種結果，自然會，或者說是必然會伴隨著世界各國之間的廣泛貿易而來臨。（《國富論》第四編第七章第三節）

如上所述，對亞當史密斯來說，歐洲各國對美國殖民地所做的所有行為，對於原住民、外來移民以及母國的國民等的行為接受者來說，全都是造成有害結果的行為。另外，該行為的動機，是探險家、當政者、擁有特權的商人以及大製造業者基於他們的貪欲與獨占精神所為的，在公平觀察者看來，那些行為並不具正當性。因此，整體而言，那並不是值得稱讚的行為，當然，也可以說是應該要受到譴責的行為。

3　重商主義的經濟政策

母國、殖民地與各國間的關係

亞當史密斯認為，應該要受到譴責的並不是只有歐洲各國對美國殖民地所做的行為而已。在大航海時代以後，歐洲各國所採取的經濟政策也應該受到全面性的批判。因為那是當政者與一部分有利害關係的人的貪念與野心所訂定出來的政策，也是基於將黃金或白銀與財富混為一談的貨幣幻覺而制訂出來的政策。亞當史密斯將那樣的經濟政策理念，或是那些已受到證實的經濟學說稱之為重商主義體系。

以重商主義體系為基礎的經濟政策如下。當歐洲各國一旦清楚地知道，他們在美國殖民地裡的淘金計劃只是一個夢而已，便轉而想要藉由獨占美國殖民地或東印度等的遠距貿易，以利於平衡歐洲的貿易差額，並企圖將大量的黃金或白銀集中在國內。歐洲各國對於重要的出口品給予獎勵金，而關於從國外進口在國內就可以生產的商品，則以保護關稅或條例等加以限制。對國內的貿易商或有權勢的製造業者而言，這些對於他們在和國外商人或國外商品競爭時有利的政策是大受歡迎的。因為大家都認為貿易差額就等於是金錢，所以歐洲各國彼此間就變成了敵對的關係，對鄰國的繁榮也心生妬嫉或存有警戒心。而且，為了要擴大殖民地，也屢次發動戰爭。在這種重商主義的經濟政

圖 7-1　重商主義的體制

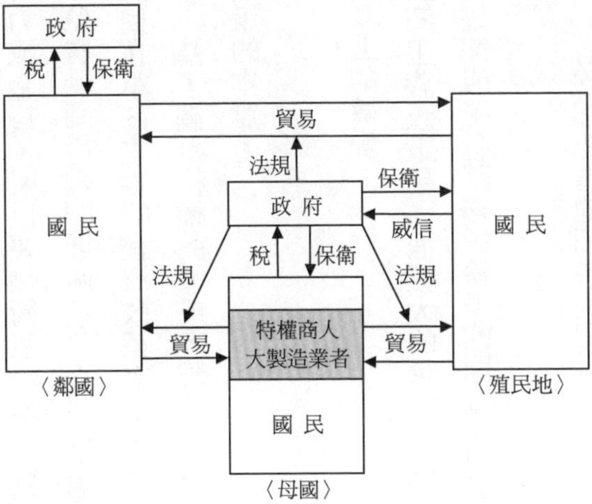

策下所形成的，母國、殖民地及鄰國之間的關係若以圖來表示的話，便如圖7-1所示。

母國與鄰國及殖民地間都有貿易往來，但是母國政府對於貿易制訂了相關條例、關稅、獎勵金等等的法規。其結果，導致母國的國民喪失了在原本沒有這法規限制下，應該能夠以便宜的價格買到國外商品的機會。而對殖民地所制定的法規，或許可以從殖民地進口便宜的商品，但是，大多數的商品不是用於進行遠距貿易或轉口貿易上，就是一些有權有勢的人才消費得起的商品，所以母國的一般國民能夠消費得到的量是少之又少。至於殖民地的國民，不僅被迫要購買母國的高價商品，還因為母國阻撓其與鄰國間進行貿易往來，而使他們失去了賺錢的機會。另一方面，母國的特權商人或大製造業者則因為法規所訂的獎勵或保護政策而獲利。因此，在包含經營殖民地在內的重商主義政策之下，主要的受益人是母國的特權商人以及大製造業者，並不是母國的一般國民或殖民地的國民。

政府必須要保衛母國國民與殖民地的國民，但是就如在上一節所述，因為殖民地並沒有提供任何的兵力或金錢，所以要保衛殖民地的費用，就全由母國國民所繳納的稅金來供應。而殖民地的國民，在免費受到母國的保衛之下，同時也讓母國政府維持了「我保衛住我的殖民地」的威信。結果，母國國民在重商主義的經濟政策之下，非但沒有得到任何利益，反而為了要保衛殖民地而提供自己的財產。為了滿足特權商人或大製造業者的貪欲以及政府的虛榮心而侵害國民的財產，這就是重商主義政策的本質。

貿易上的嫉妒

重商主義政策另一個更大的弊害，就是使原本應該成為牽制各國國民之間互動的羈絆的貿易活動，結果卻成了各國國民紛爭的開端。對此，亞當史密斯闡述如下。

各國都認為他們得到利益，就是使所有的鄰國變得更窮困。各國都嫉妬與他們有貿易往來的國家的繁榮，並認為這些國家得到了利益，就像是他們自己有所損失。與個人間的商業往來一樣，

> 國際貿易本來應該是團結與友誼的保證，反而卻成了不和與敵意的最大根源。〔中略〕無論是想出這種原則還是將這種原則傳佈開來的根源，毫無疑問的就是獨占的精神。（《國富論》第四編第三章第二節）

重商主義政策在國家與國家之間，引發了休謨所稱的「貿易上的嫉妒」。在亞當史密斯的《國富論》之前，休謨在他所寫的「關於貿易差額」的隨筆當中，就已經指出「即使在經常有貿易往來的國家，還是會被關於貿易差額的強烈嫉妒心，以及所有的錢財都漸漸地從自己的國家流失掉的畏懼心情所支配著」[6]。另外，在「關於貿易上的嫉妒」的隨筆當中，休謨也談到了，「商業上，無論是任何已經令人覺得它有多麼進步的國家，它們彼此間對於鄰國的進步仍舊會持以懷疑的眼光，也會把與自己有貿易往來的對方國家視為競爭對手，而無論是哪一個國家，認為要犧牲鄰國才會得到繁榮的想法，並沒有想像的多」[7]。休謨認為，會產生貿易上的嫉妒，是每一個國家在文明化的過程都無法避免的，而且也是事物的自然發展趨勢的結果。

另一方面，亞當史密斯則認為，貿易上的嫉妒並不是事物的自然發展趨勢的結果所致。就如在本書第三章裡所見的，亞當史密斯在《道德情操論》裡曾經表示，就像跨越一個社會中的每一個人在性格或資質上的差異，就能建立起共同的道德標準一樣，如果也跨越每一個社會中各種社會習慣或文化上的差異，也可能建立出共同的道德標準。另外，就像在一個社會中，透過人與人之間的社交活動，而形成了道德標準一樣，國際社會的道德標準，應該也會藉由國家與國家間的交流而形成。而且，貿易本來就應該是加深國際交流的最佳方法。

各國的經濟發展若是遵循事物的自然發展趨，換言之，就是照著農業、製造業、貿易的順序發展下去的話，那麼農業部門與製造業部門十分發達的國家所生產的農產品或商品就會被帶入國際市場中。因為那些國家能提供充足的生活必需品與便利品給國內的國民，而且，國內的資金大多都投入在農業與國內製造業上，所以就算國際市場上發生了任何狀況，對該國的存續而言，也是與生存問題無關的。因此，各國政府才會對於打進國際市場一事毫無強烈的興趣吧。在沒有進口禁止條例、保護關稅和獎勵金的情況下，才能自由交換商品，各國的國民也才能在消費豐足的國產品之外，還能夠消費更多樣化的外國商品。而隨著國內的農業與製造業使用了國外的原材料或製品，還有國外的需求擴大，也會越加的蓬勃發展。就像國內市場的擴大會促進社會整體的繁榮發展一樣，國際市場的擴大也同樣會促進國際社會整體的繁榮發展。

另外，若是遵循事物的自然發展趨勢的話，那麼，市場就會在參加其中的所有人相互的同感以及正義感的基礎之下而成立。因此，如同國內市場的擴大，社會中的同感與正義感就會散播開來一樣，國際市場的擴大，也會使國際社會間的同感與正義感散播開來。國際市場和國內市場一樣都會產生競爭，但是只要能確立同感與正義感的話，參加國際市場的人們就會遵守著公平競爭原則而進行競爭活動。商人或製造業者並不是因為得到了政府的保護或是去妨礙其他國家，而是秉持自我的勤奮、創意以及節約才會從競爭中獲勝。因為那樣，被帶進國際市場中的商品品質會提昇，數量也會增加。亞當史密斯和孟德斯鳩一樣，都認同貿易能成為各國之間「團結與友誼的保證」[8]。

然而，就如在本章所見的，實際上的歐洲歷史裡，經濟發展順序是顛倒的，也就是說，是依照國外貿易、製造業、農業的順序而發展下去的。因此，在國內的農業部門與製造業部門的發展都尚未成熟的情況下，就把大量的資金都投入到貿易部門上。各國政府都將貿易當成是攸關國家存續問題而抱持著關心的態度，也擔心作為貿易交易手段的黃金或白銀會外流到其他國家去，所以就積極的進行儲蓄。至於鄰國，並不被當成是與國內的剩餘生產物進行交換的互惠國家，而變成是與自己國家爭奪黃金或白銀的競爭對手。各國政府在獎勵國民勤奮與節約的同時，也藉由阻撓其他國家而在競爭中獲得勝利。各國所採取的手段，就是在貿易活動中，制訂了各種的法規以利於自己獨占貿易的利益。如此一來，就會像休謨所提到的一樣，當貿易被納入了國家的生存戰略當中時，其他國家的繁榮就成了令人嫉妒的對象。於是，亞當史密斯便改口說貿易是「不和與敵意的最大根源」。

戰爭與公債

受到不和與敵意支配的情況下，「愛國心」逐漸在歐洲各國之間擴散開來，而對鄰國產生了國家偏見。與其說是對鄰國產生國家偏見，倒不如說或許是因為愛國情緒日益高漲更為恰當。基於國家偏見，或是日益高漲的愛國情緒，歐洲各國認為發動戰爭以維持社會秩序是理所當然的事，而即使站在當事國的利益觀點來看，仍決定要發動長期且不合理的大規模戰爭。各國都付出了比它們在勝利中得到的利益還更高的代價繼續發動戰爭。

為了調度戰爭的經費，許多國家就發行長期公債或無期公債。與稅金不同的是，公債可以一次調度高額的資金而不會遭到國民的反彈，所以對政府而言，這是最方便的資金調度方式。然而，發行公債來籌措資金，再用到戰爭上，結果是把國家積蓄與資本都消耗掉了。而且，在沒有戰爭時，原本從事農業或製造業的生產性勞動者，會因為戰爭而被軍人或軍隊等非生產性勞動者所取代。因此，發行越多的公債，該國的資本積蓄與經濟成長就會變得越緩慢。

再進一步來說，發行長期或無期公債，為了要支付利息，就必須要長期或永久地課徵稅金。因此，公債累積得越多，為了用以支付利息的稅收就會增加。課稅的對象是從地租或奢侈品等有錢人的收入或消費品開始課徵，但是，最終也遍及到一般國民的收入或消費品之上。對國民的收入課徵所得稅的話，會使人們降低技術改良或勞動的意願；對商品課徵貨物稅的話，會破壞價格的自然調節機制，也會妨礙資本的有效分配。就像這樣，發行公債是延緩了資本積蓄，也阻礙了產業活動的發展。亞當史密斯指出，過去以商業國家自居並繁榮發達的歐洲各國，卻因為發行公債而逐漸衰退。

採用以發行長期公債來調度資金的所有國家，全都逐漸變得欲振乏力。最先採行這個方法的應該是義大利的各共和國。吉諾瓦和威尼斯是義大利共和國中僅存的兩個保有獨立地位的共和國，但它們也都因為舉債而變衰弱。西班牙似乎也從義大利共和國學到這種方法，但是，因為其所採取的稅制較義利大共和國更欠缺縝密計畫，因此也比義大利共和國更加衰微。〔中略〕法國雖然有豐富的天然資源，但同樣也被沈重的財政負擔壓得喘不過氣來。荷蘭共和國也因為發行公債的關係，和吉諾瓦、威尼斯一樣因舉債而國力衰微。由於發行公債而導致國力衰弱的國家比比皆是，卻只有英國能獨之而全然無害嗎？（《國富論》第五編第三章）

亞當史密斯認為，現在的英國，還有，義大利、西班牙、荷蘭等國家，也都步上了其他因舉債而變衰弱的國家的後塵。事實上，如序章裡的圖0-1（11頁）所示，英國為了與法國進行戰爭而發行了大量的公債。而且，英國為了要重整窘困的財政狀況，便計畫向殖民地課稅，而引發了殖民地的叛亂。多年來，投入了大量資金來維護的殖民地，就要一點一滴地漸漸失去。若是殖民地的居民計畫群起抗爭，而且將叛亂時間拖長的話，那麼英國的財政狀況就會更加惡化，也會流失掉更多的資金吧！這個時候的英國，正處於要步上西班牙或荷蘭國力衰弱的後塵，還是要邁向繁榮之路的緊要關頭之上。想要邁向繁榮之路，英國政府與國民就必須要捨棄對法國的國家偏見，將日漸高漲的愛國情緒冷卻下來，才能冷靜地去思考對自己的國家而言什麼才是真正的利益。

《國富論》一書的目的，並不是以說明追求英國的國家利益而寫的。然而，亞當史密斯指示了歐洲的繁榮與英國的繁榮並立的道路。那就是，採取回歸到順應事物的自然趨勢下的經濟發展之道的行動。

註釋

1 對於歐洲以西羅馬帝國的滅亡為分界線而由文明退到野蠻的解釋，在與《國富論》同一年出版的艾德華基彭《ローマ帝国衰亡史》第一卷（The History of The Decline and Fall of The Roman Empire, 1776-88。中野好夫、朱牟田夏雄、中野好之譯，全十一卷，筑摩書房，一九七六—九三年）當中也可見到。請參照日文版的第五卷，第二八五—三六四頁。

2 史密斯談到，最早提出這個問題點的著作家是休謨（《國富論》第三編第四章）。事實上，休謨在「關於精鍊的技術」的小品文當中說到，農民的獨立造成了商業與製造業的發展。請參照《ヒューム政治経済論集》（Political discourses，田中敏弘譯，御茶水書房，一九八三年）第二七—二八頁。

3 史密斯指出像這樣發展的工業都市有里茲、哈利法克斯、雪菲爾、伯明罕、窩佛罕普頓等位於英格蘭中部的都市。（《國富論》第三編第三章）

4 隨著西班牙征服美國，中美洲的阿茲特克帝國與南美洲的印加帝國也隨之滅亡。

5 但是，十六世紀中期發現了位在南美洲中部的波托西銀山蘊藏著大量的銀礦。經由西班牙將大量的銀礦帶入了歐洲之後，使得歐洲的物價高漲，而引發了所謂的「價格革命」。史密斯在《國富論》第一編第十一章的

「關於過去四個世紀的銀價變動的補充論述」裡，也針對這個現象進行論述。

6 請參照《ヒューム政治経済論集》，第六四頁。

7 請參照《ヒューム政治経済論集》，第八三頁。

8 孟德斯鳩在《法的精神》（De l'esprit des lois, 1748）中敘述如下。

「商業會解除破壞性的偏見。在一般原則下，任何一個社會風氣安定的地方就會有商業的存在。而在任何一個商業存在的地方，其社會風氣也就會安定。〔中略〕商業的自然效果就是邁向和平。兩個共同從事商業活動的國家，便會有相互依存的關係。當一方獲得利益時，另一方也同樣能獲得利益」（孟德斯鳩《法的精神》，野田良之等譯，岩波文庫，一九八九年，中卷，第二〇一－二〇二頁）。

第八章　當前應完成之要務

1　回歸自然的自由體系

以自然的自由體系為目標

亞當史密斯認為，不僅只有英國，歐洲各國也必須要回歸到順應著事物的自然發展趨勢之路。歐洲各國因為各種優惠政策，所以把資金都集中在特定的貿易與適合出口的製造業上，從原本的水準來看，其他的部門則是遠遠落後。所謂回歸到自然的發展順序，就是將集中在特定的貿易與適合出口的製造業上的資金轉移到其他的部門，特別是農業部門。

然而，亞當史密斯並不認為，歐洲各國政府應該要採取為了將資金投入到農業部門去，就刻意地壓抑製造業與貿易的政策。像那樣的政策，會破壞一個國家的製造業或國外貿易，對農產品的需求也會減少，以長期來看，這並不是在促進農業發展，而是在阻礙農業的發展。法國的重農主義者魁奈或杜爾哥等人所推薦的政策就是採用了這種方式，因此，亞當史密斯並不贊成那些政策。他的想法是，並不是要改變給予優惠或限制的對象，而是要廢除優惠或限制等制度，藉此自然而然地回歸到原本的發展順序。他並將實現這種自然的發展順序的經濟體系稱之為「自然的自由體系」（system of natural liberty）。

若是廢除了所有的優惠或限制的制度，就會樹立起最單純而明確的自然的自由體系。在不違反正義的法律下，有的人都能夠以自己的戶法去追求利益；並且可以利用自己的勞動與資本，自由地與任何人或任何階級相互競爭。如此一來，君主們相要監私人勞動，使之適合於社會利益的義務會完全地被解除。因為要履行這種義務，君主們就容易犯下錯誤，要行之得當，恐怕不是一般人的智慧或知識就能做得到。（《國富論》第四編第九章）

對社會整體而言，要對什麼產業實施優惠措施，或是對什麼產業採取限制制度，才會得到最大的利益呢？而為了要獲得最大的利益，要採取什麼樣的具體政策才好呢？人類，並無法擁有足夠的智慧去對這些事情做出正確的判斷。而政府若是想要完成這些任務，必定也會受到特定的利害關係者的影響而犯下錯誤。

在一個已樹立起自然的自由體系的社會裡，關於勞動與資金的使用方式，全都交由每一位所有人自行去做決定。每個人會比政府還要更加關心自己的勞動與資金應該要如何去運用，所以會以對自己最有利的方式去運用自己的勞動與資金。人們都會在正義的法律範圍內而有所行動，而每個人的行動，則是受到了「一隻看不見的手」的引導，以為社會帶來最大的利益。如此一來，與其說，即使沒有政府的優惠或限制政策，但倒不如說，若是沒有政府的優惠或限制政策的話，那麼勞動與資本就會為了使社會得到最大利益，而適當地分配於各產業。隨著優惠或限制政策的廢止，至今一直受到優惠待遇的貿易部門或適合輸出的精緻製造業部門的利潤率就會降低，而對於其他部門的益處就會相對地提高。結果，便會使得資金與勞動自然而然地從前者移轉至後者了。

政府給某些特定產業一些優惠待遇，不僅在經濟上是沒有效率性，而且從社會秩序的觀點來看，也是大家所不樂見的。得到優惠待遇的產業，會吸引大多數的勞動與資金，因此該產業的成功與否也影響到了許多利害關係人的生活。在像這樣的情況下，如果政府的殖民政策或外交政策失敗，而使受到優惠待遇的產業也蒙受損失的話，利害關係人就會對政府產生不滿，其結果或許可能會變成「發生使政府感到震驚，甚至連立法機關的審議都會陷入混亂的暴動或失序行動」（《國富論》第四編第七章第三節）。因此，放寬或是廢除那些法規，而使投入在得到優惠待遇的產業裡的勞動與資金，得以分散投資到其他產業裡，這也可以說，為了達到完全的社會秩序所不可或缺的。

法規的放寬速度

亞當史密斯提出，站在這樣的觀點上，建議英國放寬或廢除其對殖民地所制定的各種法規。

將賦予英國的殖民地貿易獨占權的法律規定，適度地且漸漸地放寬，最後則給予完全的自由，是讓英國從暴動或失序的危險當中永久獲得解放的唯一方策。為了抽出一部分集中在過度成長的產業中的資金，而轉投資在其他獲利較低的產業裡，不得不採取那唯一的方法。接著，就隨著受保護的產業部門漸漸地縮減，與其他的產業部門漸漸地擴增，而逐步地將所有的產業部門恢復到自然且健全的，並且是為了完全自由制度所必然建立，亦僅能由完全自由制度加以維持的比例的唯一方策。（《國富論》第四編第七章第三節／加註圈點部分為引用者所加註）

我們必須要注意的是，亞當史密斯所使用的「漸漸地」（gradually），或是「逐步地」（by degrees）的語詞。亞當史密斯認為，建立一個自然的自由體系，是發展社會秩序與繁榮所樂見的，也應該是所有當政者所要達成的理想目標。然而，就因為現實與自然的自由體系的情況是有所差異的，所以，若是改革過於激烈急速的話，那就會像失敗的殖民政策或外交政策一樣，會使得許多有利害關的人蒙受損失，而導致他們產生不滿情緒。

舉例而言，假設有一個人在受到優惠待遇的產業裡工作。而這個人也運用了創意與好點子，勤奮不懈的工作著。現在，世人批評政府給予這個產業優惠待遇是沒有效率而且不公平的，政府也向世人屈服而廢止了優惠政策。而這個人就變成只能夠獲得較以往更低的收入。那麼，這個人要如何去抵擋其處境的變化呢？恐怕他會不管那是因為自己的勤奮與創意才得到的收入，或者是他在應該受到優遇的產業裡努力工作，而為社會貢獻了一己之力，只因為世人批評他是個獲取不當收入的人，而考慮要將自己的收入都拿出來。這個人也無法忍受世人對一般認為不應受到責備的行為進行責備，又或對一般認為不應受到懲罰的行為進行懲罰。而他認為，讓自己陷入這樣的苦境的真正原因，似乎就來自於實施並維持了優惠政策，卻又廢止了優惠政策的政府。這個人在對世人心懷怨恨的同時，也認為政府必須要受到責備或懲罰。如果有這種想法的人增多了，並且團結起來，形成一股政治勢力的話，那政府便無法再繼續進行改革。對政府而言，他們越是怨聲高漲，就越會以一些與改革無直接關連的事情來譴責政府，甚至因情況不同而引發暴動也說不定。

像這樣不顧人們的情緒而採取急進激烈的改革，會使改革行動受挫，而且會有造成社會動盪不安之虞。因此，適於自然的自由體系之法規放寬或廢除，必須要考慮到人們的情感，並「漸漸地」進行。亞當史密斯敍述如下：

如果現在就立刻全面開放所有殖民地貿易的話，一時之間，不僅會引起混亂，也很可能會使投入了勞動或資金的大多數人蒙受到永久的損失。就說那輸入了八萬二千桶煙草的船舶好了，如果突然因為殖民地貿易的開放而頓失工作的話，就會受到重大的損失。這也就是重商主義的一切法規所造成的不幸結果。〔中略〕殖民地貿易應該要如何逐漸地開放；什麼法規應該要先廢除，什麼法規應該要最後廢除；完全自由與正義的自然體系又應該要如何逐漸地恢復。這些問題，就留待將來讓政治家或立法者運用智慧去解決吧。（《國富論》第四編第七章第三節）

「理論體系的人」之政策

然而，統治者在處理事情時，往往是求快不求好。而隨著他們越陶醉在自己所規劃的美麗藍圖當中，這種傾向就會變得越強烈。一七八九年左右，亞當史密斯在《道德情操論》第六版的追加部分中也談論到「理論體系的人」。所謂的「理論體系的人」（man of system），指的是毫不考慮人們的現實情感，只朝自己的理想進行急遽又激烈的社會改革的統治者。亞當史密斯對此闡述如下。

熱衷於理論體系的人〔中略〕，容易自以為很聰明，因為他往往陶醉在自己所構畫的理想的統治計畫裡，所以無法忍受現實與他的理想有些許的偏差。他將所有的心思都融入在那理想計畫中並一心要建立起完整的制度，而絲毫沒有顧慮到各種會反對那套制度的巨大利益或頑強的偏見。他認為，似乎就像在棋盤上移動任何一顆棋子那樣，也能夠輕而易舉地安排社會裡的每一個成員。但他沒想到，要移動棋盤上的任何一顆棋子，只要用手去移動就好了，除此之外，沒有其他的移動原則；然而，在人類社會這個巨大的棋盤上，不同於立法機關想要強迫它接受的原則，每一顆棋子都有它自己的移動原則。如果這兩個原則正好一致，人類社會這盤棋，就會順利和諧地進行下去，而且可能會一盤快樂又成功的棋。但是，如果那兩個原則相反的話，那麼人類社會這盤棋，將會進行得很不順遂，而社會整體也必定會時時刻刻都處於極度混亂當中。（《道德情操論》第六部第二編第二章）

儘管理想目標是多麼地崇高，但若是要歷經相當大的苦難才能夠達成目標的話，那人們也無法跟隨著統治者一起達成目標吧。理論體系的人，似乎不懂得這個道理。他們堅信，只要能正確地了解那個理想，那麼所有的人應該就會和自己一樣擁有熱情與耐心去達成理想。但是，人類與棋盤上的棋子是不同的。和棋手的理想或原則不同，每個人都有獨自的理想與原則。人們並不會和統治者擁有相同的理想，即使有，也無法接受為了達成理想而犧牲個人利益。無論是哪一種社會改革計畫，只要是人們能夠順從著去進行的計畫，不僅會以失敗收場，而且會導致社會整體變得比目前的情況更糟糕。

事實上，在寫這篇文章時所發生的法國大革命，就是因為「理想體系的人」提出的自由、平等、博愛的理想之下，而進行過於激進的社會改革所致。在法國大革命的最初，人們還能滿懷熱衷地參與，結果，漸漸變得無法再繼續跟隨著政府進行下，到了最後，就像亞當史密斯所說的，因為整個社會陷入了「極度混亂」的狀態，而草草收場了。

賢明統治者的政策

賢明的統治者是不會貿然地進行那樣毫無計畫的改革的。他會去了解每個人不同的理想與原則之後，在使每個人所感受到的痛苦與不滿降到最低程度的同時去進行改革。亞當史密斯在《道德情操論》第六版的同一個地方也對賢明的統治者的作為敍述如下。

由博愛與仁慈而喚起了愛國心的人，對於個人既定的力權力與特權會給予尊重，而對於構成國家的主要階層或團體的既得權力與特權，也會給予更多的尊重。即使他認為某些既得權力與特權在某種程度上被濫用了，他還是滿足於調和那些如果沒有使出巨大暴力，便往往無法消滅的濫權行為。當他無法用理性和勸說來征服在那些根深蒂固在人們心底的偏見時，他也不想以暴力使他們屈服；而會虔誠地去奉行被西塞羅公正地稱為是「柏拉圖的神聖箴言」：就像絕不以暴力對待自己的父母一樣，也絕對不會以暴力去對待自己的國家。（《道德情操論》第六部第二編第二章）

亞當史密斯本身則將「自然的自由體系」視為個人的理想。他闡示了，在那個體系裡，每個人都本著同感與正義感來行動，也在那樣的限制之下基於利己心去進行經濟活動；而且，政府只能執行國防、司法等少數公共事業，不可以干預私人的經濟活動。另一方面，現實中的歐洲各國，大多數的人都被獨占精神所支配著，政府為了平衡貿易差額而介入經濟活動。為了回歸到自然的自由體系，就必須要改正這樣的精神與政策。然而，改革行動是必須要顧慮到因為那樣的精神與政策，而蒙受損失的人們的情感才能繼續進行下去。無論是誰，絕對不認為政府會使用暴力來進行改革。回歸到自然的自由體系並不是「目前應該著手的事」，而是應該要慢慢地、經年累月地審慎進行。亞當史密斯是一位穩健而實際的改革理論家。

2　美國殖民地問題

獨立戰爭爆發的原委

然而，英國面臨了一個緊迫的問題。那就是在一七七五年，美國殖民地發動了獨立戰爭[1]。

獨立戰爭爆發的前十年，英國議會以重建因七年戰爭而陷入窘困的財政狀況為目的，為了向一直以來都未提供英國保衛費用的美國殖民地課稅，而制訂了印花稅法。印花稅法就是在公文、證書、契約書、報紙、小冊子、公告等貼上由英國政府所發行的印花的法律。而印花稅則是，到目前為止為了統制貿易而定的關稅不同，是母國直接干預殖民地居民的生活所課徵的稅。到目前為止，也因為有食糖法（一七六四年制訂。對進口砂糖課徵關稅的法律）而使蘭姆酒的生產受到打擊，還有因為貨幣法案（一七六四年制訂。禁止殖民地發行紙幣的法律）而導致通貨不足，這些使得對母國早已心生不滿的殖民地，終究還是在一七六五年對印花稅法發起抗爭運動。

同年，美國的十三個殖民地當中，有九位殖民地代表到紐約集合，召開了印花稅法會議。在會議上，美國殖民地以它們在英國議會裡並有沒任何一位代表，所以殖民地只能向殖民地議會納稅為由，而要求廢除稅花稅法的提議被採納了。而為了抗議，在美國也發起了聯合抵制英國商品的運動。另外，也燒毀了英國發行的印花，並且往往以沒有印花為由，而拒絕繳納印花稅給母國的交易對象。在這樣的情形之下，母國的商人或製造業者便反對印花稅法。另外，英國議會的議員當中，也出現了反對印花稅法的人，例如：威廉・皮特（William Pitt，老皮特，一七〇八—七八）和埃德蒙・伯克（Edmund Burke，一七二九—九七）等人。而英國也因此終於在一七六六年接納了美國殖民地的要求將印花稅法廢除。但是，英國政府巧妙的配合印花稅法的廢止，而成立了「宣示法案」。在該法案中，英國議會聲明了國會無論是在何種事務上對殖民地都擁有合法權力，包含了課稅權。

以這個宣示法案為基礎，一七六七年英國的財務長官查爾斯・唐森德（Charles Townshend，一七二五—六七）提議對一些進口到美國殖民地的日常用品徵稅，包括鉛、玻璃、紙、顏料和茶[2]。

另外，唐森德也建議新開設一個海關管理局。其目的是在取締殖民地商人從其他國家走私茶葉，並藉此確保由東印度公司提供的茶葉在殖民地裡的販賣通路。和制訂印花稅法時的情況一樣，殖民地的居民們也反對這個法案，並對包含茶葉在內的英國進口商品發起聯合抵制。另外，殖民地居民對於母國派來的海關關員也發出了反對聲浪。政府因為擔心殖民地的居民群起暴動，所以在一七七〇年便廢除了對茶葉以外的商品課徵關稅。但即使如此，還是無法解除潛藏在殖民地的緊張情勢。在波士頓爆發了英國士兵對著憤怒的暴民開槍，打死了五個人的波士頓屠殺。

一七七三年，英國政府為了減少東印度公司因為殖民地的抵制運動而增加的庫存量，於是就將在英國的港口所課徵的關稅歸還給殖民地，也同意以更便宜的價格將茶葉進口至殖民地。但是，殖民地的商人對於東印度公司以便宜的價格將茶葉進口到殖民地倍感威脅。其他人也對在美國的港口所課徵的茶葉稅被留下來而心生不滿。時至今日，殖民地對英國政府的一切所作所為沒有一件是感到滿意的。因此，殖民地的一些激進份子便襲擊停靠在波士頓港口的東印度公司的船舶，並把積放在船上的茶葉倒入港口（波士頓茶葉事件）。英國政府則以武力壓制他們，並在一七七四年通過一系列「強制法案」、下令關閉波士頓港口，藉以剝奪麻塞諸塞州的自治權。對此，美國殖民地在同年的九月，於費城召開第一次大陸會議，旨在確認殖民地的團結，同時也向英國國王要求廢除茶葉法與強制法案，並希望可以擁有和母國國民同等的權利與自由。這個時候，美國殖民地還沒有計畫要從英國獨立出來。

在英國議會裡，也為了要尋求與美國達到和解而發表了幾場演說。例如：威廉．皮特或埃德蒙．伯克，他但就強烈主張與廢除印花稅法一樣，現在也要積極地與美國殖民地進行和解。然而，無論哪一個和解案，都無法順利的解決問題。在那段期間，英國政府還為了要鎮壓判亂而派遣軍隊到美國殖民地去。一七七五年四月，英國軍隊和殖民地的民兵軍在波士頓郊外發生了武力衝突，最終導致美國獨立戰爭的爆發。

戰爭過程中，英國議會裡針對下列四點出現了分歧的意見：（1）應該要以武力壓制殖民地或是應該要與殖民地和平相處；（2）若是與殖民地和平相處的話，那麼應該要繼續保有對殖民地課稅的權利或是應該要放棄；（3）若是要保有課稅權的話，那麼是否應該要認同殖民地議會的代表權；（4）或者說，倒不如是否就讓殖民地自動地分離。然而，因為英國在軍事上是全面壓制住了美國殖民地，因此，議會內的多數意見，都是傾向採取武力壓制。

亞當史密斯在《國富論》的最後的結論部分，對於這個狀況也進行探討[3]。亞當史密斯認為，希望儘量將美國殖民地問題的將來發展形勢做出正確的判斷，再將自己對於這個問題的意見反映在《國富論》一書中。另一方面，亞當史密斯因為擔心體弱多病的好友—休謨無法見到《國富論》出版就去逝，於是就放棄了美國殖民地問題這部分該書就付梓了。《國富論》是在一七七六年三月出版的，休謨在書出版後五個月便與世長辭了。如此一來，休謨希望在去世前能看到《國富論》一書的願望便能夠達成。雖然知道友人的願望，但是，亞當史密斯仍一直到了拖延到了最後關頭才將《國富論》付梓，是因為他對美國殖民地問題有特別的想法。對亞當史密斯而言，對美國殖民地問題做出適當的判斷，是左右了殖民地、母國，以及歐洲全體的秩序與繁榮極為重要的問題，而且，那也是無法全權交由將來的政治家的「目前應該著手進行的事」。

合併案

在《國富論》中，亞當史密斯對於美國殖民地問題提出了二個因應對策。第一個是，母國保有對殖民地的課稅權，但是相對的，在認同殖民地在母國議會裡擁有代表權的條件下，母國與殖民地要和平相處。那也意味著，美國殖民地就像是過去的羅馬帝國的屬地一樣，或是像一七〇七年的蘇格蘭一樣，被正式地併入大英帝國之中。

亞當史密斯認為，母國與鄰國的貿易往來自然是不在話下，如果廢除母國與殖民地的貿易往來，以及殖民地與鄰國的貿易往來之間的各種法規，使交易的自由獲得保障的話，那麼，就算英國以統治者之姿繼續對美國進行殖民，也不會發生任何的問題。而隨著殖民地貿易的自由化，英國的資金就會從殖民地的貿易部門轉移到其他的貿易部門或是其他的業部門。但是，如果沒有優惠政策的話，那些部門原本應該都是比殖民地貿易更能產生高利潤的部門，換言之，就是具有更大的潛在需求的部門。而投資在殖民地貿易的特徵—遠距貿易或轉口貿易裡的資金，更是轉移到了鄰近貿易或是國內的製造業或農業，也因為同樣的資本額所雇用的生產性勞動者增加了，所以也提高了英國的經濟成長。

另一方面，對於鄰國而言，隨著與美國殖民地間的貿易開放，而獲得了新的商機，產業活動可以更加活絡。進而，對於殖民地而言，也因為與母國間的貿易沒有受束縛，可以自由地與其他國家進行貿易往來，不僅可能改善生產效率，也會提高殖民地的生產者的勞動意願。鄰國與殖民地的經濟發展，連帶地也會更進一步地促進英國的經濟發展。那是因為，比起過去，英國國民可以消費到更豐富且便宜或是殖民地所生產的產品；並且，也因為消費品的價格下降，使得人事費用減少，連帶地提昇了英國商品的國際競爭力。像這樣殖民地貿易的自由化，促使母國、殖民地以及鄰國的經濟成長與增加生性勞動的雇用，而達到經濟成長的真正目的，換句話說，就是達成了讓無法得到最低水準的財富的所有人都得到工作與收入。

若是對鄰國開放與美國殖民地間的貿易，那麼鄰國就不必要再付出極大的費用，與英國搶奪殖民地的貿易活動。因為對鄰國來說，由英國負擔經費之下，可以享受到自由市場的利益。其結果，以獲得殖民地為目的歐洲各國之間的戰爭自然會變少。雖然英國可能會讓殖民地負擔保衛的費用，

圖 8-1　合併案

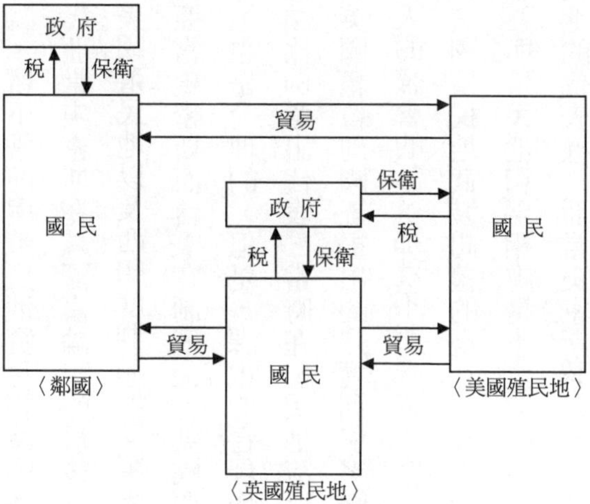

但是因為戰爭減少也使國防費用縮減，另外，殖民地也因為貿易自由化促進了經濟成長，所以殖民地的稅金負擔也減輕了。如此一來，殖民地貿易就不會再是各國間「不和與敵意的根源」，而回歸到它原本「團結與友誼的保證」的機能了。

以上是亞當史密斯根據自然的自由體系所提出的殖民地合併案。此一提案可以圖 8-1 來表示。將圖 8-1 與上一章的圖 7-1（191 頁）相互比較一下。到了現在，貿易已經不是一部分的特權商人或大製造業者所獨占的，而是在沒有政府的法令規定之下，所有國家之間都能自由進行的活動。另外，殖民地不單只是讓保衛自己的母國保住的國家威信，也被母國要求以繳納稅金來負擔一部分的國防經費。亞當史密斯認為，如果是以朝這個目標進行的話，那麼英國要繼續保有殖民地或合併殖民地也不會有任何問題[4]。

還有，如上節所示，亞當史密斯認為，殖民地貿易的自由化並不應該一口氣完成，而是應該一邊考量與殖民地貿易相關的人事物的利益與情感，一邊再慢慢地進行。因此，這也可以說，亞當史密斯認為，留下當前與殖民地貿易相關的各種法規，同時也向殖民地課徵與母國國民相同的稅金。事實上，亞當史密斯在《國富論》的最後一章，也談論到了英國將地租、印花稅、關稅以及消費稅擴大到美國殖民地以及西印度群島或愛爾蘭的具體構想。

對亞當史密斯而言，在制度上，英國要將各種稅金擴大到殖民地是可能的，而且，在英國的統治原理上也是合理的。但是，課稅的合理條件是，殖民地居民在英國議會或是帝國議會裡，也要按照納稅額比例選出代表。當時在殖民地流行的一句口號：「沒有代表權不能徵稅」，就是在光榮革命時，英國議會向國王提出的「權利法案」當中的主張之一，換言之，這與「若是國王不能認同代表納稅人的議會的話，那就不能課稅」的主張是一致的。

在美國殖民地武裝起義的現在，在不認同殖民地的代表權，卻要繼續行使母國的課稅權的條件下，想要與殖民地和平相處是不可能的事。要讓殖民地認同母國的課稅權的話，那母國就必須要認同殖民地的代表權。亞當史密斯認為，不在母國議會裡為殖民地的領導人物設置席次的話，就別期望能夠與他們和平相處。對此，他敘述如下。

一般認為，為了要保持美國殖民地的領導人物的社會地位，以及滿足他們的野心，沒有比讓他們在母國的議會裡擁有代表權更為明智的方法。但是，不管怎麼樣，不採取什麼手的話，他們是不會自動服從母國的。我們都不應該忘記，以武力強迫他們服從的情況下，所流出的每一滴血都是我們同胞的血，不然就是希望成為我們同胞的人的血。有些人認為，事態演變至此，只要用武力就能簡單地征服殖民地，其實那才是最愚蠢的人。

現在一手主宰所謂聯合殖民地議會的人，感受到了一種連歐洲最偉大的臣子們都不會感受到的重要社會地位。他們由商人、小買賣商人一躍而為律師或政治家，為一個廣大的國家制訂了一個新的政體。他們自豪，那將成為自從這世界上有國家以來，最強大的一個國家，事實或許真的是如此。（《國富論》第四編第七章第三節）

亞當史密斯認為，引發獨立戰爭的人們，不僅是對母國具有反抗心，也是因為燃起了提昇自己在社會中的地位。對於想要以武力去壓制那種具有野心的人是件危險的事。他們為了要守住自己的地位，就是拚了命也會奮戰到底。為了要與他們達成和解，至少，必須要讓這些有野心的新對象在成為母國議會的議員。亞當史密斯基於這個想法，便提議英國議會也要讓殖民地按照納稅額比例選出他們的代表。

合併案的問題點

然而，不只是英國政府，即使是對英國國民而言，這個提案裡包含了難以克服的困難點。

亞當史密斯預見了美國殖民地藉著廣大的土地與豐饒的天然資源，快速的實現經濟發展，在將來會變成一個「強大的帝國」（formidable empire）。而且，亞當史密斯也很清楚殖民地的領導人物也有同樣的預測與自負。而在可能成為那樣強大帝國的創設者的人眼裡，對於英國議會的議員席次是否具有魅力，是一大疑問。

另一方面，達成快速的經濟發展的美國殖民地，要以英國的正式屬地被合併，對母國的國民而言，應該是倍感威脅的事。因為，美國在經濟發展的同時，納稅額也會增加，那麼他們依比例在英國議會裡取得代表的席次也會隨之增加。若將來美國的納稅額高過英國的話，那麼英國議會的主導豈不是就落到美國代表的議員手上了嗎？真的變成那樣的結果，會發生什麼事呢？亞當史密斯對於合併後可能會發生的事情，說明如下。

> 美國的人民，或許認為他們並不會長久繼續地與帝國政府的中心遠隔。會有那種想法，似乎有些理由。在美國，財富、人口與改良都快速地進步，也許只要一世紀，美國的納稅額可能將超過英國的納稅額。如果那樣的話，帝國的首都，自然會遷移到帝國內繳納稅金最多的地方去。（《國富論》第四編第七章第三節）

亞當史密斯認為，將來隨著美國代表的議員在議會裡形成多數派之後，帝國的首都可能會從倫敦移轉到美國的政治中心所在地[5]。如果變成那樣的話，即使再繼續延用「大英帝國」的名稱，實質上，已經變成了「美洲帝國」，英國反而成了美洲帝國的一個屬地。根據亞當史密斯的看法，如果合併了美國殖民地的話，那英國的政治家和國民，就必須要有可能會導致那種結果的覺悟。關於這種合併案實行的可能性，亞當史密斯的敘述如下。

> 這種合併是否容易實行，執行時會不會發生什麼困難等，我並不敢妄下斷語，但我倒是沒有聽過無法克服的困難。最主要的困難，可能是來自大西洋兩岸人民的成見與社會輿論，並不是出自事物的本性。（《國富論》第四編第七章第三節）

對亞當史密斯而言，合併美國殖民地在制度上是可能的。就像英國在一七〇七年合併了蘇格蘭那樣，如果合併了美國殖民地也是好的。然而，一七七五年的狀況和七十年前的狀況已經不同了。對殖民地的領導人物來說，成為母國議會的議員已經不具吸引力了。因為，他們更希望藉由獨立而在政治上獲得更大的成就。

另一方面，美國人在母國國會裡擁有席次，對母國的領導人物而言則是一種威脅。另外，就算讓美國人成為議會議員，母國的領導人物也不認為具有反抗和野心的殖民地領導人物會輕易的就同意與母國合併。因此，母國的領導人物便會認為，最適當的策略就是以武力壓制殖民地，並合併在議會裡沒有代表權的殖民地。殖民地的領導人物察覺了母國領導人物的這種策略。他們認為不該對高傲又虛榮的母國領導人物採取姑息政策，一定要訴諸強硬的手段。因此，對殖民地的領導人物來說，剩下的選項就只有「自由或死」[6]。在英國與美國的領導人物相互的不信任與偏見之下，像這種和平的合併，是難以實現的。

分離案

亞當史密斯的另一個提案，就是讓美國殖民地主動地與母國分離，而被承認為是一個獨立國家。他的敍述如下。

> 如果採用了分離案的話，英國不僅立刻從平時殖民地的龐大國防經費負擔中解脫，而且與殖民地之間也能夠訂定保障自由貿易的通商條款。自由貿易協定與目前英國所有的獨占貿易相較之下，雖然對商人而言較不利，但是對大多數的國家而言是有利的。這就像和益友分別的話，殖民地對近年來的不和幾乎消弭的母國的自然愛情又快速恢復了。變成那樣的話，無論何時，他們都會對分離時所締結的通商條約給予尊重，不只貿易上，在戰爭時也會給予我們支持，而取代了現在不穩定的黨員，成了我們最誠實、友好且寬容的同盟國。如此一來，就像古希臘的殖民地與母都市之間

圖 8-2　分離案

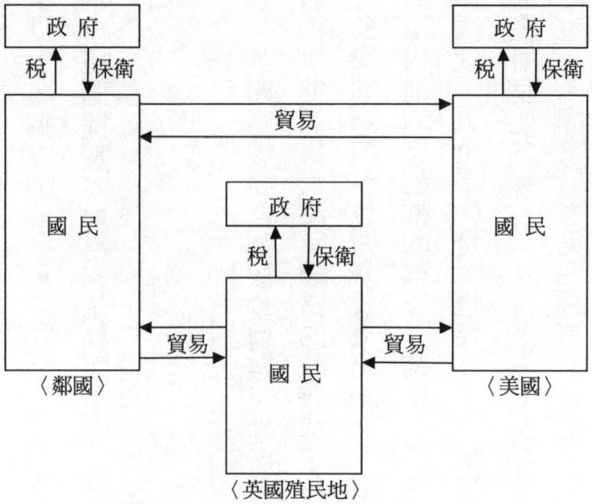

的關係一樣，有一方就像是長輩一樣付出愛情，另一方就像是孩子一樣尊敬長輩。英國與其殖民地間的關係也修復了。（《國富論》第四編第七章第三節）

亞當史密斯所提的分離案，可以圖8-2來表示。將圖8-2與表示合併案的圖8-1互做比較。在圖8-1裡所表示的是，殖民地受到母國政府的軍事保護，相對的則是向母國繳納稅金。而在圖8-2裡，殖民地成了一個獨立的國家，由自己的政府來保衛。也就是說，相對於合併案是將殖民地居民當作是母國國民；而分離案則是將殖民地居民當成是外國人。但是，若是與已獨立的殖民地締結自由貿易的通商條款，同時也締結安全保障條約的話，也會建立起集團式的自衛體係。換言之，殖民地就變成了母國的同盟國了。另外，相較於在合併案裡，與殖民地貿易相關的各種法規與權益可能暫時會被擱置下來；在分離案中，那些法規與權益都會立刻消滅。以建立自然的自由體系的觀點來看的，分離案是較樂於被接受的。然而，如果是顧慮到目前為止與殖民地間有貿易往來的人們的利益與情感的立場上，主動的分離案太過於激進，是較以令人接受的。

事實上，獨立戰爭爆發之時，在英國議會裡提出主動的分離案意見的只是極少數。亞當史密斯也認為，這個提案不只是利害關係人，就連英國的政治家或國民也不會那麼容易的就接受。他並敍述如下。

英國應該要自動放棄對殖民地所有的權限，而殖民地要選出自己的主政者、制訂自己的法律、放任以他們自己認為適當的時機決定休戰等的提案，是空前絕後的一種方策。僅管統治一個殖民地是多麼的麻煩，且與必要支出相比，殖民地所提供的錢財又是多麼微不足道，然而因此而主動放棄對殖民地的支配權的國家，還是前所未見的。即使放棄殖民地通常是能符合國家利益，卻也往往有損國威，更重要的是，也違反了支配階級的私人利益。〔中略〕即使是夢想遠大的狂熱份子，就算是對那個方策總有一天或許會被採用而抱著某種度的熱烈期待，但幾乎也不可能會提議那個方策的。（《國富論》第四編第七章第三節）

《國富論》的結論

亞當史密斯並不像托馬斯・潘恩那樣把美國殖民地的獨立戰爭看成是市民革命或民主化運動，並狂熱的歡迎。亞當史密斯認為，這件事不僅影響英國母國與美國殖民地間的關係，也擾亂了母國內部與殖民地內部的令人感到鬱悶的事。

當然，要對引發那件令人感到鬱悶的事負起責任的是英國政府。英國政府為了不讓殖民地貿易的利益被其他國家搶走，於是就設制了各種法規限制，結果，也招致了殖民地居民的不滿。而且，事實上，那些法規限制不僅壓抑了殖民地的居民，也損害了母國國民的利益。甚至，英國政府也為了要保衛未替母國帶來任何利益的殖民地，而每年都要投注莫大的經費。如此一來，獨占殖民地貿易的結果，會使與鄰國以及殖民地間的關係更加惡化，同時也會造成英國財政的窘困而延緩了經濟成長。

英國政府想要藉由獨占美國殖民地貿易以增加貿易差額的計畫，只不過是幻想罷了。那種拚命想要在美國探尋蘊藏量無限的金銀礦山的舉動，就與過去的葡萄牙和西班牙一樣。到了現在，英國的支配者也不得不從這個「黃金夢」當中清醒過來。並不要得其他沉浸在同一個幻想中的國家的稱讚，而是必須要站在公平觀察者的立場，做出值得令人稱讚的行為。亞當史密斯在《國富論》的結尾部分談論的內容如下。

過去一個世紀以上的時間裡，英國的支配者們，都讓國民們期待著在大西洋西側建立一個巨大帝國的幻想。然而，這個帝國到目前為止也只不過是個幻想罷了。到目前為止，那並不是一個帝國，而是一個與帝國有關的計畫；也不是金銀礦山，而是一個與金銀礦山有關的計畫。那個計畫非但未帶來任何的利益，反而消耗了巨額的經費，而且直到現在仍持續著。另外，那也是個如果仍然依照過去的方式繼續去追求的話，往後似乎還會再繼續消耗更多的計畫。因為，就如前面已討論過的，獨占殖民地貿易的結果，除了損失，並無任何利益可言。

現在，我們的支配者們，還有或許我們的國家也是，應該要為了去實現這個大家沉浸其中的黃金夢，不然的話，就是儘快從幻想中清醒，還有，讓國民們也從夢中清醒而努力。如果這個計畫無法實現的話，就應該要放棄。如果，無論哪個殖民地都無法對支援母國的財政有所貢獻的話，那麼，英國就應該要致力於將戰時的保衛殖民地的費用與平時維持其在民生或軍事上的必要費用都節省下來，量身訂做一個符合自己國家將來的展望與計畫才是。（《國富論》第五編第三章）

亞當史密斯暗示了對英國而言，「目前應該著手進行的事」就是讓美國殖民地主動地與母國分離。但儘管亞當史密斯是如此暗示，英國政府在往後的七年之間，仍舊想要繼續以武力壓制美國殖民地。[7] 然而，就像亞當史密斯所預測的，美國的領導人物拚命抵抗，甚至因為連法國、西班牙、荷蘭也與美國站在同一戰線，所以英國在一七八三年批准了巴黎條約，最終承認了美國的獨立。

這樣一來，在開戰時只有少數人同意亞當史密斯所提議的這個殖民地分離案也終於實現了。巴黎條約對英國政府與大多數的英國國民而言，是一個奇恥大辱吧！但是，若是依照亞當史密斯的想法的話，那麼現在的英國，就會朝著自然的自由體系往前邁進一大步，而且也會得到一個符合未來展望與計畫的機會。

註釋

1　關於對美國獨立戰爭原委的詳細解說，請參照友清理士的《アメリカ独立戦争》（上、下卷，學研M文庫，二〇〇一年）。

2　康森德在一七六六年時為史密斯的養子巴克魯侯爵的家庭教師候選人。在康森德一七六七年去世前，史密斯與康森德有非常深厚的交情。尤其是一七六六年到六七年，兩人時常對於為了削減國債的積金，即減債基金進行意見交換。然而，並無證據證明康德森對美國殖民地推動課稅案是因為史密斯的建議。請參照前揭I・S・羅絲《アダム・スミス伝》，第一六九－一七〇頁及第二五一－二五五頁。

3　據說一七七五年一月，史密斯在下院的旁聽席上，聽到了各政治家和軍人的演講及證言。請參照前揭《アダム・スミス伝》，第二九九－三〇〇頁。

4　史密斯認為由於有英國的統合，使美國殖民地得以避免黨派紛爭。史密斯並談到「因為〔美國殖民地〕與大不列顛的合併，而得到了更多的幸福與安定。至少，它們可以藉此從在小規模的民主體系之下必然會產生的充滿仇恨與敵意的黨派紛爭之中獲得解脫。黨派紛爭往往會分裂人與人之間的情感，也會擾亂政府的安定。若不以這樣的合併方式來加以阻止的話，那美國與英國的關係就容易脫離，這樣一來，殖民地的黨派紛爭將會比現在更加激烈十倍以上。在暴動發生之前，若母國能強力壓制的話，那就能夠防止黨派紛爭過於激烈。倘若母國不採取強力壓制的話，那黨派紛爭便會一發不可收拾，進而演變成公然暴力與流血慘劇。」（《國富論》第五編第三章）。如同史密斯所預言，美國獨立之後，黨派紛爭就越發激烈，而導致於一八六一年發生了「公然暴力與流血慘劇」，亦即南北戰爭。

5 但是，提倡首都移轉論的並不只有史密斯。英國的經濟學家約塞維亞達卡（一七一三—九九）和美國經濟學家邊賈敏德富蘭克林（一七〇六—九〇）也都有相同的見解。

6 這是美國政治家巴德利克亨利（一七三六—九九）於一七七五年在維吉尼亞的殖民地協議會的演說中所說的話。正確來說應該是「不自由，毋寧死」。

7 一七七八年，史密斯在寫給謝爾本伯爵的信中談到了自己對於美國殖民地的看法。根據殘存的紀錄記載，史密斯指出，結束獨立戰爭有以下四個方法。（一）所有殖民地的完全服從；（二）所有殖民地的完全解放；（三）回歸舊體制；（四）殖民地的部分性解放。第一個方法指的是合併案，第二個方法指的是分離案，第三個方法就是要回歸重商主義體系。雖然史密斯認為第一個方法對於大英帝國的存續與繁榮是最有效的，但由於美國與英國的相互不信任，已經不可能實現了。對史密斯來說，第二個方法雖然也是可行的，不過，因為美國殖民地的自發性獨立而使得英國顏面盡失，因此，英國國民是不可能接受的。因此，史密斯便提倡「在當然且不經意的情況下促使美國的全面性分離，而回歸到舊體制的樣子」。也就是要將第二個方法改變為第三個方法來使用。但是，這個方法，也由於英國的政治家對於策略、保密以及慎思熟慮方面做得不夠周延，而窒礙難行。史密斯也談到，最壞的結果，就是以第四個方法來結束戰爭。因為如此一來，英國在失去一部分殖民地的同時，對於殘留下來的殖民地，除了如同以往要再負擔防衛費用之外，還必須不斷地與殖民地進行抗爭。關於此一紀錄，請參照E. C. Mossner and I. S. Ross, The Correspondence of Adam Smith（Oxford University Press, 1977），第三三七—三八五頁。

終章　亞當史密斯的遺產

《道德情操論》與《國富論》是亞當史密斯依其對社會秩序與繁榮的相關思想體系所寫的二部著作。在《道德情操論》裡，亞當史密斯說明人性當中具有「同感」的特性，也就是將他人的情感複製到自己心裡，並在自己中心產生出相同情感的能力，同時也說明了社會秩序與繁榮就是由「同感」所引導出來的。另外，在《國富論》裡，亞當史密斯站在這樣的人類觀與社會觀，對於促進社會繁榮的二個一般原理，即分工與資本積蓄，進行考察。亞當史密斯更進一步探討當時的歐洲各國脫離了根據一般原理所描繪出的理想狀態，並說明英國為了要接近理想狀態必須要立即進行的事。

在這一章裡，將探討從亞當史密斯的思想體系中，我們能夠得到什麼啟示。

人類是社會性的存在

首先，亞當史密斯的思想體系傳達了將人類視為社會性存在的重要性。所謂人類是社會性的存在，指的就是，一個人會關心他人的情感或行為，並希望與他人有相同的感受。另一方面，也可以說是一個人希望得到他人的關心並與自己有相同感受。而「社會」就是讓人們相互感受彼此間的語言或表情或行為的地方。透過社會，每個人就會了解其他的人們在什麼場合、對什麼情況、有何種程度的歡喜、悲傷或憤怒情緒。以這個經驗為基礎，在個人的心中會形成一個在自己所屬社會裡一般通用的「公平觀察者」，並為了要讓心中的公平觀察者認同自己的情感或行為而努力。因為這樣的個人特質，在沒有正義的法律基礎之下，仍舊形成了社會秩序。

亞當史密斯還說明了，人類的社會性存在也促進了社會的繁榮。人們都喜歡去感受他人的歡樂情感，而不喜歡去感受他人的悲傷情感。而且，財富與崇高地位會讓看到的人感到歡樂，而貧窮與卑微的地位會讓看到的人感到悲傷。因為人們都希望仰賴他人的關心並得到他人的認同，所以會去追求令人感到歡樂的財富與崇高地位，避免令人感到悲傷的貧窮與卑微地位。這也就是追求財富的野心的根源。隨著每一個追求財富的野心，會擴大市場、增加資本，結果，便會促進社會繁榮。

亞當史密斯進而談論到，人類的社會性存在也可以說是妨礙社會秩序與繁榮的原因。他在《道德情操論》裡所描述的人類形象，是同時擁有「賢明」與「懦弱」兩方面。所謂的「賢明」就是依照心中的公平觀察者的判斷來行動，而比起公平觀察者的判，所謂的「懦弱」則以自身利益或世人的評價為優先考量來行動。「賢明」，是成就社會秩序的基礎。另一方面，「懦弱」雖然是成為引導出社會繁榮的原動力，但是為了要促進社會繁榮，就必須要藉由「賢明」來控制。換句話說，追求財富的野心或競爭必須要受到正義感的控制。而無法受到控制的野心或競爭會擾亂社會秩序，其結果就變成阻撓社會繁榮發展的障礙。應該要注意的是，由於對人們而言，受到世人稱讚與尊敬的財富和地位是極具吸引力的，因此，只要喪失了正義感，人們追求財富或地位的野心就會越強烈。若是一個人獨自在無人島生活的話，是不會產生那種野心的，但就因為人們會在意世人的眼光，所以才會有強烈的野心。人類之所是社會性存在的原因，就是人們擁有「賢明」的一面，同時也擁有「懦弱」的一面。

就像這樣，亞當史密斯的思想體系裡，在人類是社會性存在假設之下，說明如何促進社會秩序與繁榮？或是如何妨礙社會秩序與繁榮？亞當史密斯在《國富論》裡確實探討過人們出自於利己心而進行的經濟活動會為社會全體帶來利益。然而，在此所假設的個人，並不是離群索居的單獨個體，而是追求對他人產生同感或得到他人同感的社會性存在的個體。一個社會性存在的個人，在心中公平觀察者的認同的制約條件之下，為了讓自己獲得最大經濟利益而進行經濟活動。這也就是亞當史密斯所假設的個體經濟活動。

財富連繫人與人之間的關係

其次，我們可以從亞當史密斯的思想體系當中學到，關於財富在市場社會中所具備的功能。財富的主要功能當然就是使人類得以生存繁衍，並為人類生活帶來便利與安樂。然而，亞當史密斯卻發現了財富的功能不此如此。它還具備了維繫人與人之間關係的功能。

對亞當史斯而言，市場是一個彼此間互不相識的人們以財富為交易媒介，用以交換他人幫助的場所。人們在市場裡，我們可以得到對自己具有特別情感的人以外的其他人的幫助。市場裡的交換行為，則是以人們相互間的同感為基礎而成立的。進行交易的人們，會去想像當自己強奪交易對象的財物或是欺騙交易對象的話，可能會引起交易對象的憤怒。當自己在思考避免自己會變成令人感到憤怒的對象的同時，對方也同樣地在思考同一件事。當所有的交易主體都有如此的想法時，不法交易也就不會發生。利用同感這樣的能力，互不相識的人們之間進行交換財富（＝幫助）的社會，就是市場社會。改變一下想法的話，也可以說在市場社會裡的財富扮演了維繫人與人之間關係的一個重要媒介的功能。

另外，所謂的經濟成長並不只是指財富的增加而已，也包含了能夠維繫富人與窮人之間關係的意味。如果富人只消費自己的財富，或是只與自己的家人一起消費的話，那麼富人與窮人之間並不會有任何關連。然而，由於富人有希望得到更大財富的野心，便會將自己的財富投資到農業、製造業或商業等等各種產業裡。藉此，在促進經濟成長的同時，因為勞動需求增加，窮人便會獲得工作機會。窮人則能夠賺取薪資而得以維生。這便是經濟成長的真正目的。另一方面，富人則是藉由投資活動而獲得更大的財富。就像這樣，雖然富人並沒有要幫助窮人的意圖，而窮人也沒有要滿足富人野心的意圖，但他們兩者之間卻因為有財富做為媒介，使彼此之間產生了關連性。

進而言之，貿易是與外國人，即因為語言或文化習慣的不同而難以產生同感的人有更深入的交流，以加強相互間的依存關係。我們透過貿易，了解外國人的語言、文化或習慣，結果，便能減弱國家偏見。《國富論》的原文標題並不是《Wealth of a Nation》或是《Wealth of the Nation》，而是《Wealth of Nations》，最後是以複數形來表示的。《國富論》一書所探討的並不是一個國家或是特定國家的豐饒，而是每一個國家的豐饒。我們應該要了解的是，就像格老秀斯所提出的「law of nations」指的是維繫各國之間的「萬民的法律」一樣，亞當史密斯提出的「wealth of nations」指的就是維繫各之間的「萬民的財富」。

如上所敍，財富是藉由市場來連繫國內的人們；藉由成長來連繫富人與窮人；進而藉由貿易來連繫不同國家的人民。維繫人與人之間關係的財富的功能，在市場、成長、貿易等方面展現出了各自不同的局面。財富能具備這樣的功能，就是因為人類是社會性存在，這自然是不在話下。

自由而公平的市場經濟構築

第三，我們可以從亞當史密斯的思想體系當中學到的是，期望能建構出一個充分發揮財富維繫人與人之間關係的功能的經濟制度。亞當史密斯認為，那就是自由而公平的市場經濟制度。健全的市場經濟是要擴大國內市場，使經濟成長達到最高，並促進國際貿易。而其結果，便會擴展人與人之間的連繫，使所有人都能富裕。

在亞當史密斯那個時代裡的歐洲各國，由於有特權商人或大製造業者為首的市場參加者的獨占或不法交易行為，而使得財富的功能無法充分發揮。亞當史密斯將那種傾斜的經濟制度稱為「重商主義體系」並予以嚴正地批判。亞當史密斯認為，一個自由而公平的市場經濟並不見得是自然構成的，這在歷史上也是不爭的事實。他認為，為了防止市場參加者的獨占或不法交易行為，市場應該要受到政府某種程度上的監視，也必須由受到法律的約束。

然而，亞當史密斯並沒有強烈的主張這個觀點。因為他認為政府不可能監視得了所有的市場與所有的交易活動，而且，對於政府本身也有道德腐敗的可能性視而不見。事實上，重商主義體系不僅是特權商人或是大製造業者等市場的參加者，還有被他人所蒙騙而與他們官商勾結的政治家或官僚等的影響，而導致成了一個腐敗的經濟制度。政治家或官僚並不只是為了從中獲取私人利益，還因為他們具有想要確保自己國家的經濟與軍事能在國際上處於優勢地位的野心，於是就會對產業與貿易設訂各種法規限制。結果，導致國內市場被扭曲，經濟成長也受到阻撓，而貿易則變成國際紛爭的原因之一。

市場為了防止參加者的獨占或不法交易等行為，因此必須在某程度上受到公共機關的監督與法律的約束。但是，或許公共機關可能也無法實行充分的監督與適當的法規限制，而且公共機關本身也很可能就是一個道德腐敗的主體。因此，與其說自由而公平的市場經濟，是因為公共機關這個外部的公平觀察者的監督而形成的，倒不如說，是每一位市場參加者受了自己心中公平觀察者的監督與限制而形成的。是否能建構起一個自由而公平的市場經濟，端看社會成員是以何種程度的去傾聽自己心中公平觀察者的聲音的個人，換言之，與該社會是一個道德有多麼成熟的社會是息息相關的。

當前應完成的要務與非當前應完成的要務之區分

最後，亞當史密斯告訴我們，在處理現實問題時，把當前應完成的要務與非當前應完成的要務區分出來是很重要的。他表示，自由而公平的市場社會是一個理想社會。而且也體認到了現實中的歐洲社會距離那樣的理想是相當遙遠的。亞當史密斯認為，應該要廢除對貿易或國內產業所設的法規限制。然而，他卻反對現在就立即廢除。理由是，各種法規限制的廢除過於激進的話，那麼原本受到那些法規限制保護的人們的生活就會受到威脅，在不同情況下，可能還會招致莫大的損失。若是大多數的人感覺到被社會背叛的話，社會秩序就會陷入混亂。因為社會秩序是建立在人們的感情基礎之上的。

對亞當史密斯而言，比起在各種法規限制之下享受著既得權益的人們更加危險的人，是絲毫不顧慮他人的情感，只堅信自己的理想體系並一味的進行激進的社會改革的人，也就是「厘論體系的人」。法規限制的放寬，是必須要考量到人們的情感，且慢慢地循序推進的。對亞當史密斯來說，廢除各項法規限制並不是「當前應完成的要務」。

另一方面，英國眼前有個必須要做出一個正確判斷的急迫的問題。那就是關於美國殖民地的問題。對亞當史密斯而言，英國想藉由獨占殖民地來增加金銀的持有量，並提高國力的計畫只不過是幻想而已。英國前往美洲大陸探尋金銀礦山的舉動，就和過去的葡萄牙或西班牙是一樣的。在美國殖民地發動獨立戰爭的現在，英國再也不得不從這個「黃金夢」當中清醒過來。英國的「當前應完成的要務」，就是讓美國殖民地主動地脫離英國。

亞當史密斯將他所提議的分離案當做是《國富論》一書的總結。在一七七六年《國富論》第一版出版時，同意亞當史密斯的這個提案的人只是少數。但是，在七年之後，英國卻不得不按照亞當史密斯的提案去做。不過，並不應該對那感到絕望。事已至此，不僅是美國人，連英國國民也能夠往自由而平的市場社會大步邁進。即使是亞當史密斯在美國的獨立革命之後所出版的《國富論》改訂版當中，仍舊保留著催促美國殖民地與英國分離的提案。那個提案是亞當史密斯送給陷入失意情緒中的英國國民們的希望訊息。

就像這樣，亞當史密斯對於英國應採取的政策，一方面是以非常慎重的態度去採納，另一方面則是實行極其大膽的提案。對亞當史密斯來說，在訂立政策之時，最重要的是要將當前應完成的要務與非當前應完成的要務區分出來。而一般人認為，亞當史密斯本身就是具有這種判斷力的人。而且，他的這種判斷力的基礎，就是具備了關於人類歷史的豐富知識，以及將那知識融會貫通後而得到的對人類更深入的了解。

亞當史密斯的遺產

由以上所述而形成的亞當史密斯的形象，可以說是與一直以來主張，應該要藉由廢除法規限制並促進以利己心為基礎的競爭，以實現高成長率且形成一個豐饒而強大的國家的亞當史密斯形象是有所不同的。

就如在序章裡提到的，亞當史密斯生於一個光明與黑暗交錯的時代裡。經濟發展、技術革新、知識的進步及普及等的文明之光越來越耀眼，卻也因為社會差距與貧困、戰爭與財政窘境的黑暗面，而使得那道光芒減弱了。亞當史密斯並不熱衷於光明面，但也不對黑暗面感到絕望，而是冷靜地去面對現實。但是，在亞當史密斯那冷靜態度的背後，可以令人感受到他那祈禱人類的存續與繁榮的強烈熱情。亞當史密斯表示，應該要達到理想，同時也要辨別清楚現在可以做與不能做的事，並從可以做的事情當中去發現真正的希望。《國富論》之所以會得到不朽的名聲，是因為大多數的讀者，不僅在該書裡發現與市場經濟相關的嶄新理論，同時對於亞當史密斯能在熱情與冷靜之間取得一個平衡感也心有慼慼焉。

一般認為，亞當史密斯這種態度的基礎，似乎是他擁有保持心靈平靜，這種對人們而言最重要的信念。隨著時間，亞當史密斯這樣的信念更益發強烈，他去世前一年在《道德情操論》第六版中所添加的一段文章裡，以達到了如下的境界。該段文章較長，但仍希望在此引用。

> 就人性的構造原理來說，痛苦是不可能持久的。如果他禁得住這一陣子的痛苦，不久之後，他就可以不費吹之力地恢復到原本的平靜。毫無疑問地，一個裝上了木製義肢的人，他一定是很痛苦的，也可預見他在未來的生涯裡必定會承受更大的不便。然而，很快的他便會像每一個公平觀察者那樣去看待他自己的義肢，亦即，會把它看成是一個不會妨礙他享受所有平常的獨處或社交樂趣的不便。很快的他就會和心裡的理想的觀察者站在相同立場上，成為對自己的處境做判斷的公平觀察者。他不再像軟弱的人一樣，為了自己的義肢而哭泣、感嘆或悲傷。他已經完全習慣了公平觀察者的見解，因此他即使不必努力，也絕不會想要以其他的見解去看待自己裝有義肢的不幸。

所有的人必然或是遲早都會適應自己的永久處境。也許我們可以這樣認為：斯多亞學派的哲學家至少在這一點上幾乎是完全正確的。也就是說，在某一個永久處境與另一個永久處境之間，就真正的幸福而言，本質上是沒有任何差異的。如果要說出其中的差別，那也只不過是剛好足以使某些永久的處境成為單純的選擇或偏愛對象，但不足以將它們變成真正或強烈渴望的對象。另外，那種差異也是足以把另外一些處境為單純的捨棄對象，當作適於被放置在一旁或被迴避的東西，但不至於使它們成為任何認真或急切的反感對象。

心靈的平靜與愉快就是幸福。心靈不平靜的話就不可能會愉快，只要心靈平靜的話，就幾乎沒有什麼事情是不會讓人感到有趣的。在所有的永久的處境當中，由於沒有預期改變，所以每一個人的心靈，不論是經過一段長期或短期的時間，終究會回歸到那自然而普通的平靜狀態。人類的心境，當在一帆風順時，過一段時間之後，還是會回到平靜的狀態；即使是處於逆境當中，在一定時間過後，仍然會回復到平靜的狀態。〔中略〕

造成人類生活不幸與混亂的最大原因，似乎是源自於過度高估了一個永久處境與其他的永久處境的差異。貪婪過度高估了貧窮與富裕之間的差異；野心過度高估了私人職位與公眾職位間的差異；虛榮過度高估了默默無聞與名聞遐邇之間的差異。一個受到任何一種情感影響人，不僅是他個人會陷入不幸的狀態之中，往往也為了達到他那愚昧的處境而擾亂了社會平靜。他只要稍加觀察的話，就可以確信，擁有一顆善良的心，在人生裡所有平常的處境中，同樣可以保持冷靜、同樣可以快活、同樣可以滿足。的確，在那些處境當中，或許有些處境比其他處境更值得我們偏愛。但是，無論是哪一個處境，絕對沒有值得我們以一種激烈的熱情去追求，而違反了審慎或正義的法則。或者是回想起自己的愚蠢行為而感到羞恥；或者因為厭惡自己的不公正行為而產生的懊悔，會破壞我們內心的平靜。當謹慎的法則沒有指示，而正義的法則也不容許我們為了改變自己的處境而努力，若是仍企圖想要那樣做的人，就等於是在玩所有危險遊戲當中最沒有勝算的那種遊戲，並且押上了所有家當結果卻毫無所得。

伊比魯斯（Epirus）國王的寵臣對他的主人所說的話，可適用於所有處於各種平常處境中的人。國王對他的寵臣按著順序，一一述敘著他的各項征服計畫。當他說完了所有的計畫後，這位寵臣便問他：「那接下來，陛下還打算做什麼呢？」國王回答：「接著我想和我的朋友們快樂的喝酒談天，努力成為好酒伴」寵臣接著問道：「那麼現在有什麼事情阻止陛下現在就這麼做呢？」

在我們的無稽妄想所能展現的最光彩奪目和令人得意的處境之中，我們打算從中得到真正幸福的快樂，和我們在實際上，即使卑微的處境中我們唾手可得的那些快樂幾乎是相同的。我們可以找到每一種最崇高的處境所能提供的，除了虛榮心和優越感那些卑微的快樂之外的其他一切快樂。而虛榮心和優越感所帶來的快樂，很少能夠與完全的心靈平靜同時並存，但心靈平靜卻是所有真正與令人滿足的快樂的根本要素與基礎。在我們所憧憬的那種光彩奪目的處境中，我們可以帶著在自己急欲拋棄的卑微處境中具有的相同的安全感，安全地享受那些真正與令人滿意的快樂。

檢視過去的歷史記錄，只要回想一下你自己的經驗範圍內所發生的事情。用心回想一下，你所讀過或聽過的，或是記得那些，在私人生活或公共生活方面都遭遇不幸的那些人的所做所為，你就會發現，其中大部分的人都是因為不知道自己的處境已經很好，也應該安靜地坐下來並感到心滿

意足。（《道德情操論》第三部第三章）

亞當史密斯相信，真正的幸福就是心靈的平靜。而且他認為，人們為了要得到真正的幸福，就不必要有過多的要求。就像伊比魯斯國王的那個小故事給我們的啟發一樣，對於大多數的人而言，要得到真正的幸福的方法，其實是唾手可得的。例如：我們被賦予的工作或義務、與家人的相處、與朋友談心、與親朋好友的往來、適當的興趣或娛樂。好好珍惜並滿足這些近在身邊的人事物，我們就能夠過著十分幸福快樂的生活。另外，就像裝了木製義肢的人的那席話，就算我們人生中遭遇了多麼不幸的事，最終還是會回歸到心靈的平靜，然後會再一次重拾回復到普通生活的那份堅強。

大多數人會陷入真正的不幸當中，是因為他們的心被遙遠的財富與地位所吸引，而忘記為了實現真正的幸福的方法其實就在身邊，這不只是讓他自己本身變得不幸，有時候也會擾亂了社會的平靜。去追求財富、地位或名譽也是可以的，因為人們努力的去追求便會促使社會繁榮。但是財富、地位或名譽並不值得犧牲身邊的幸福而去追求。我們懷抱著出人頭地的大志時，心底也必須要了解真正擁有什麼才足夠讓我們的心靈平靜下來。

每個人一生中會有多少的幸運與不幸，並不是人類的力量所能決定的。我們只能默默承受那所有的幸與不幸。那樣的話，我們身在幸運當中就不會變傲慢，而身在不幸之中時就不會絕望，也必須相信在我們心中，擁有一股引領我們回歸到平靜狀態的堅強。我認為，因為亞當史密斯已經達到了如此的境界，所以他所遺留給我們現代的每一個人都是最貴重的財產。

在序章一開頭的引用文裡，狄更斯敍述了，一七七五年的社會情況，與他自己出生的時代，即一八五九年的社會情況是很相似的。談到一八五九年，是英國確立其世界工場的地位的年代，也是想要以印度洋為中心建設出第二帝國的年代。持續不斷變化中的文明社會裡的人們，無論在哪個時代中，都可能會有碰上不安定的社會情況的命運。在那樣的社會情況下，亞當史密斯沒有熱情也不會絕望，而期待以冷靜的態度去發現真正的希望所撰寫的這部著作，可以說是他留予後人最大的遺產。

後記

這本書誕生的機緣，是在二〇〇三年三月，修讀博士課程的研究生川井充先生到我的研究室來借《道德情操論》這本書而開始的。川井先生自知名的人壽保險公司退休之後，進入大阪大學研究所的經濟學研究組，對於以「紡織王」聞名的武藤山治先生的經營理念與社會思想進行相關的研究。由於川井先生認為武藤先生的思想是受了亞當史密斯的影響，因此決定獨自研讀《道德情操論》。

當川井先生尋問我是否有《道德情操論》的簡易解說本時，在我的印象裡，是沒有的。

當時，我因為受到約翰・羅爾斯（John Rawls，一九二一—二〇〇二）的《正義論》與阿馬蒂亞・庫馬爾・森（Amartya Sen，一九三三—）的經濟倫理學等的影響，正對於與功利主義相異的經濟學思想的基礎進行探討。同時，也想試著從這個觀點，來對關於亞當史密斯的經濟學思想的基礎做一次徹底的研究。也思索著這正好可以當做隔年的研究所的教學教材，因此我也決定與川井先生輪流研讀《道德情操論》。

自那之後，每年的研究所課程裡，都會使用亞當史密斯的《國富論》、《法學講義》、《修辭學．文學講義》等第一手文獻，以及最近與亞當史密斯相關的第二手文獻作為教材。課堂上，並不只有專攻經濟學史或經濟思想的研究生而已，專攻經濟史、經濟理論，或計量經濟學的研究生也來聽講。我將亞當史密斯的文章以淺顯易懂的方式做解說，同時也說明了關於該文章的歷史背景；另一方面，也盡量讓研究生們自己去思考，在亞當史密斯的見解當中有什麼地方是適用於現代的？在歷經了四年與亞當史密斯的「搏鬥」之後，我開始構思將自己的見解彙整成一本書。

二〇〇六年一二月，在這個構想越臻成熟之際，受到了大阪大學社會經濟研究所西條辰義教授的邀請，參加「活化腦部」研究會的「閱讀大腦」分科研究會，並以「經濟與倫理——亞當史密斯的人類觀」為題進行演講。大多數參加研究會的都是腦部科學專家，他們對於亞當史密斯的「同感」或「公平觀察者」這樣的概念，似乎都感到相當驚訝。這些概念，在現代的腦部科學裡，與「鏡像神經元」（mirror neuron，像是腦中有個鏡子，只要看到別人有動作，就會〃映照〃出動作來的神經細胞）或「心智理論、心意理論」（Theory of Mind，從別人的行動來推測那個人的心理的能力）等領域是相關的，而亞當史密斯的《道德情操論》，對腦部科學而言，似乎也提供不少有趣的想法。

二〇〇七年一月，在《日本經濟新聞》的「簡單的經濟學——名著與現代」的專欄裡，連續刊載了八次與亞當史密斯相關的記事，並獲得了極大的迴響。之後，又在日本經濟研究中心所主辦的研討會中針對「市場與成長——向亞當史密斯學習」做發表。研討會裡，以業界人士為中心的參加者，對於與今後日本的發展方向提出了各種相關問題，多也給予許多寶貴意見。

二〇〇七年一二月，由大阪大學社會經濟研究所筒井義郎教授擔任會長，成立了行為經濟學會。我也在筒井教授的邀約之下，加入成為學會的發起人之一。行為經濟學，就是重新檢視到目前為止與經濟學相關的假定學說，亦即狹義的合理學說，並透過實驗或問卷調查來建立與人類實際行動相關的假定學說的一種新研究領域。也可以說是站在藉由經驗與觀察來建立行動假定學說的觀點上，以及將人類視為是社會性的存在，所以才會重視情感或習慣所帶來的影響的觀點上，以更加接近亞當史密斯的方法或想法。

本書就像這樣，不僅只有經濟學史或經濟思想的專家，還有研究所學生、腦部科學專家、業界人士、行動經濟學者等等，各專業領域人士的相互交流而產生。也可以說是拜他們所賜才得以順利完成這本書。

我衷心感謝所有協助我完成這本書的人。特別要感謝的是，在萌生這個構想之初，給了我許多寶貴意見的研究所學生，川井充、藤澤千榮子、中井大介、小堀聰、高見典和、松岡孝恭、米倉富美等同學。另外，也要由衷地感謝支持我的構想，而引薦我參加腦部科學專家的交流會的西條辰義教授；促使我參加行動經濟學會的筒井義郎教授；在歷史記述方面給予許多寶貴建議的神田沙耶加老師（大阪大學經濟學研究科專任講師）；在「簡單的經濟學」專欄中連載期間，以編輯者的觀點給我意見與指導的日本經濟新聞社的道善敏則先生和館道彥先生；還有，支持本書構想並支援本書出版的猪木武德先生（國際日本文化研究中心教授）等先進的支持與協助。最後，亦要對中央公論新社的吉田大作先生深表謝意。感謝吉田先生以一般讀者的立場，協助我將原本艱澀難懂的文章修改為一般讀者較容易接受的內容。

衷心期盼藉由此書，可以帶給讀者們些許的啟發。

二〇〇八年一月

堂目卓生

國家圖書館出版品預行編目資料

亞當史密斯：《道德情操論》與《國富論》的世界 / 堂目卓生著；陳政雄譯 . -- 初版 . -- 臺北市：致良，民101.08

面；　公分

ISBN 978-957-786-686-8(平裝)

1. 史密斯 (Smith, Adam, 1723-1790) 2. 學術思想
3. 倫理學 4. 國富論

190.1　　　　101010005

亞當史密斯《道德情操論》與《國富論》的世界

原　　著　堂目卓生
譯　　者　陳政雄
發 行 人　艾天喜
發 行 所　致良出版社有限公司
編 輯 部　台北市南京西路 12 巷 9 號 5 樓
業 務 部　台北市南京西路 12 巷 19 號 1 樓
電　　話　（02）25710558・25216904
傳　　真　（02）25231891・25118182
E - mail　jlbooks@jlbooks.com.tw
網　　址　http://www.jlbooks.com.tw
郵撥帳號　1076715-5　戶名：致良出版社
（單次購書未滿 1000 元者，請加處理費 80 元）
出版登記　局版台業字第 3641 號
印 刷 所　皇城廣告印刷事業股份有限公司
初版一刷　中華民國 101 年 8 月
法律顧問　陳培豪律師
定價300元

ISBN 978-957-786- 686-8
Printed in Taiwan, 2012

蘇慶華

民國108年2月17日

購於台北